本书是国家社会科学基金项目《慈善捐赠人权利研究》（项目编号：12CFXO27）、司法部专项任务课题《在华国际非政府组织问责研究》（项目编号：14SFB50042）与聊城大学十二五重点学科建设项目《慈善法研究》之阶段性成果

国际法治视野内国际非政府组织
问责机制研究

Study on Accountability Mechanism of INGOs from the Perspective of International Rule of Law

刘海江 ◎ 著

中国社会科学出版社

图书在版编目(CIP)数据

国际法治视野内国际非政府组织问责机制研究 / 刘海江著 . —北京：
中国社会科学出版社,2015.4
ISBN 978 - 7 - 5161 - 6256 - 9

Ⅰ.①国⋯ Ⅱ.①刘⋯ Ⅲ.①国际组织 – 非政府组织 – 责任制 –
研究 Ⅳ.①D564

中国版本图书馆 CIP 数据核字(2015)第 121301 号

出 版 人	赵剑英
责任编辑	任 明
特约编辑	乔继堂
责任校对	朱妍洁
责任印制	何 艳

出 版	中国社会科学出版社
社 址	北京鼓楼西大街甲 158 号
邮 编	100720
网 址	http://www.csspw.cn
发 行 部	010 - 84083685
门 市 部	010 - 84029450
经 销	新华书店及其他书店

印刷装订	北京市兴怀印刷厂
版 次	2015 年 4 月第 1 版
印 次	2015 年 4 月第 1 次印刷

开 本	710×1000 1/16
印 张	12
插 页	2
字 数	203 千字
定 价	55.00 元

凡购买中国社会科学出版社图书，如有质量问题请与本社营销中心联系调换
电话：010 - 84083683

谨以此书纪念爷爷刘跃民先生

（1925—2014）

序一

2014 年 6 月，吉林大学法学院国际法专业博士论文答辩，其中一位博士生叫刘海江。前来参加答辩的一位外请专家——中国政法大学的宋连斌教授对海江说："我还不知道你是吉林大学的博士生的时候，就知道你，读过你写的文章。"这个小小的细节，一方面说明宋连斌教授丰厚的学养和对学术界动态不断跟进的关注，也说明了海江的研究如小荷尖角，初露端倪。

海江与我的师生缘分起于互联网。就像他在本书的后记中说的那样，他给我电子邮件、自我介绍，并表达了对国际法问题、对到吉林大学国际法专业来跟我做研究的兴趣。由此，我认识了这位充满朝气和韧劲儿的高校青年教师。在博士入学考试时，他以出色的表现赢得了各位导师组成员的认可，并顺利进入博士学习阶段。

海江对于非政府组织与国际法关系的研究，起于博士学习之前。攻读博士学位期间，继续以此为题，撰写了一系列学术文章；收集和翻译了一本非政府组织的规则出版，并将自己在此领域的一部分研究作为专著付梓。在短短的三年间，他勤奋扎实、不断进取，不仅顺利毕业、取得学位，而且不断深入挖掘非政府组织的国际法问题，拓展提升非政府组织国际法研究的水准，对于中国非政府组织方面的国际法问题做出了自己的贡献。

在海江博士毕业仅一年之后，他的又一部非政府组织研究的著作即将出版，邀我作序。这本书以国际法治作为基本语境，探讨非政府组织的问责机制，为我们提供了国际法治视野中非政府组织角色的基本途径，向我们展示了在国际法治背景下探讨非政府组织责任的必要性和基本规范建构。我认为，这是一个非常重要的问题，值得我们关注。

非政府组织的实践推动着国际法的发展，在各个领域广泛存在并积极工作的非政府组织不仅是不同方面国际事务的观察者、分析者和评判者，还是一些层面国际关系规则与标准的建议者，以及提供人道援助、保护环境、尊重人权等国际行动的直接参加者。正是他们的广泛存在、积极行动，充实了全球治理网络，使得国际法律规范变得充实壮大，国际法律实务变得更为绚丽多姿、五彩斑斓。

不容否认，·非政府组织也必然存在着诸多值得改进、需要被约束的方面。如果我们不能用想当然的性善论来推断每个人，如果我们需要限制政府滥用权力的可能来实现一个法治的秩序，那么，在国际法治的体系中，我们就很难把非政府组织看成是一个单纯的、天使一般善良的行为体，就必须看到其多元性，并对此提供有益的规范指引和可行的结构设计、机制规划。

在本书中，海江对这些问题的探究已经显示出了清晰的逻辑和明确的观点，为非政府研究提供了有益的文献。特别是他所坚持的"国际良法"和"全球善治"的"厚法治"理念，恰好是我所一直坚持的观点，这一观点对于改进当代国际格局至关重要。

期待读者能够在海江的这本新著中找到启迪和共鸣。如果能以此点燃对于国际法治、全球治理的兴趣，更是值得快慰。也期待着海江能够再接再厉，坚持独立思考，做更为深入细致的案例分析，掌握非政府组织的动态实践，相信以海江的勤奋与踏实，一定能以这本书的出版为新的起点，树立新的高度。

何志鹏

2015 年 4 月 26 日于吉林大学

序二

Over the past couple of decades there has been a dramatic increase in the activities of non – governmental organizations (NGOs) . This increase in NGO activity is a worldwide phenomenon. While many NGOs focus only on particular cities or countries, many others, referred to as international NGOs (INGOs), operate in multiple countries. The increasing activities of NGOs has led to a parallel concern about accountability. NGOs should be accountable to their donors, to the governments of the countries in which they operate, and to the persons whom they serve. NGOs should also pay attention to the activities of other NGOs in order to avoid unnecessary duplication and waste of resources.

A2007 report by the Harvard Corporate Social Responsibility Initiative contains a helpful list of factors for assessing an NGOs accountability. An NGO should be accountable for:

- Governance of the organization
- Financial integrity
- Organizational reliability and capacity
- Performance effectiveness
- Voice/advocacy credibility (accuracy, authority, fairness and representative nature of public statements and advocacy campaigns)
- Access by stakeholders to information about the organization; and
- The organization's responsiveness to complaints. [1]

In his new book, Study on Accountability Mechanism of INGOs from the Perspective of International Rule of Law, Doctor LiuHaijiang of Liaocheng Uni-

---

[1] Jane Nelson, *The Operation of Non – Governmental (NGOs) in a World of Corporate and Other Codes of Conduct*, Working Paper No. 34, Harvard Corporate Social Repsonsibility Initiative, 2007.

versity discusses the connections between accountability and the international rule of law. Doctor Liu focuses on the international rule of law because of the ineffectiveness of each country applying its own often inconsistent domestic regulations to INGOs that may be operating worldwide. Far more productive for both governments and the INGOs are multi – country agreements. An example of such an agreement is the 1986 European Convention on the Recognition of the Legal Personality of International Non – Governmental Organizations. Hopefully and as Doctor Liu recommends, such multi – country conventions will in the future become a standard technique for holding INGOs accountable.

David English

W. F. Fratcher Professor of Law University of Missouri

摘　　要

　　国际非政府组织在全球发展迅猛，其通过参与和促进国际良法与全球善治的形成，积极地加入到国际法治的进程中来。作为国际法治的参与者和促进者，国际非政府组织发挥出的积极作用已经在全世界范围内引起广泛关注。但是事物的发展总有两面性，国际非政府组织在参与国际法治的进程中也显现出众多不和谐的因素，其中尤为值得关注的是国际非政府组织在国际法治的进程中显现出问责危机，大量的实例表明这一危机已经在一定程度上阻碍了国际非政府组织发挥参与和促进的作用，所以有必要对国际非政府组织在国际法治中的问责进行考量。

　　国际法治是国际社会接受良好的法律达到善治的一种状态。虽然国际法治是法治向国际社会的延伸，但是国际法治区别于国内法治，有其独特的内涵。结合国际法治所依附的国际大环境和国际法的不成体系等特点，赋予了目前所探讨的国际法治为多元化法治与国际法之治、其内在要求表现为国际良法与全球善治等独特的内涵。其中国际法治的多元化最主要的表现是参与主体的多元化，除了国家和政府间国际组织之外，有大量的事实证明国际非政府组织凭借其自身的独特优势已经参与到国际法治的进程中，国际非政府组织在实现国际法治所要求的国际良法与全球善治的过程中发挥了重要作用。有大量的事实证明国际非政府组织在国际法治中担当着参与者和促进者的角色。所以，国际法治的多元化特点要求国际非政府组织的问责也要呈现出与以往不同的特点，主要表现为问责对象、问责主体、问责内容、问责方式、问责目的与问责过程等具备多元化的独特内涵。

　　数量众多的国际条约和政府间国际组织都或多或少、或直接或间接地通过各种形式在国际法中赋予了国际非政府组织以应该由国际法主体所享有的权利，没有无义务的权利，既然因为权利而行使了权利，那就有义务接受责任。所以在国际法治视野内对国际非政府组织的问责进行探讨的理论框架为"基于权利而问责"：权利与责任是相对的，国际非政府组织既然享有国际法所赋予的权利，就要承担责任，在国际法治的进程中就要对利益相关者交代自己的所作所为，并要接受利益相关者的评估，根据结果接受相应的惩罚和奖励。

国际非政府组织问责危机的起因主要包括国际非政府组织的迅速增长、吸引资金的大量增加、在国际良法与全球善治的实现过程中发挥越来越重要的作用和其存在的合法性危机等。而正是这些原因的存在导致国际非政府组织与国际法治的互相借重与需要愈来愈强，所以在这种背景下在国际法治视野内探讨国际非政府组织的问责危机是十分有必要的。由于目前国际法治主要是指国际法之治，是适用于国际法主体之间的法治，但鉴于国际非政府组织国际法主体地位的缺失，所以在国际法治视野内探讨国际非政府组织的问责还存在着一定的障碍。虽然国际非政府组织在发展的过程中，在面对获取国际法律地位的历史机遇的时候都做出了努力，但是囿于各种条件的限制，所取得的进展还不是很令人满意。

目前，按照国际非政府组织问责的主体进行分类，在国际法治视野内主要包括三类国际非政府组织问责机制，这些机制在发挥积极作用的同时，也存在一些不可避免的缺陷。首先，国家通过国内立法和少数欧洲国家通过缔结国际条约的方式对在本国领域范围内进行活动的国际非政府组织的问责提出要求，但是由于各国立法和观念不同，这种方式良莠不齐，并且只影响在一定范围内的国际非政府组织；其次，政府间国际组织与国际非政府组织之间的关系主要表现为合作和管制，在两者建立的咨商与参与的合作关系中，政府间国际组织通过设置义务对国际非政府组织的问责发挥了一定的积极作用，但是囿于两者法律地位的不平等性，这种问责机制的建立肯定是不正式和不全面的；最后，国际非政府组织通过缔结和加入各种行为准则和道德准则的方式对自身的问责设置了种种要求，但是这种方式存在着自愿性特点，大多数行为准则都存在着实施机制缺失等先天不足的缺陷。所以，这些对国际非政府组织问责机制并没有完全发挥出所期望的作用。

鉴于在国际法治视野内国际非政府组织问责的独特内涵，再加上不同的利益相关者对不同的国际非政府组织提出不同的问责要求，所以在短时期内立即构建出完全有效的国际非政府组织问责机制的可能性是非常小的。结合国际法治独特的内涵要求与国际非政府组织自身的特点可以发现，目前构建国际非政府组织问责机制的最好途径就是在充分利用现有几种问责机制的基础上，向以国际条约建构国际非政府组织问责机制的方式过渡。大量事实证明，从应然的角度出发，国际非政府组织已经具备了作为国际法主体的资格，所以也就具备了以国际条约建构国际非政府组织问责机制的可行性。在坚持以人为本、可持续发展与和谐共存理念的基础上，适用法治原则、透明原则与平衡原则缔结国际条约，通过回答国际非政府组织对什么问责、向谁问责与怎样问责三个问题对国际非政府组织问责机制的构建做出较为详细的规定，并且该类条约应把建立核准机制、实施机制与加入相关行为准则的先行机制作为重中之重，只有这样这类条约才不会流于形式。虽然这种方式的实施也将面临着时间与成本的考验，但是从长远的角度来看，这种方式将是一种符合发展规律的较为有效的方式。

关键词：国际法治；国际非政府组织；问责；利益相关者；行为准则

ABSTRACT

International Non – Governmental Organizations (INGOs) , widespread a-
round the world , have positively participated in the process of international rule
of law by improving the formation of international good laws and good govern-
ance. As the participant and promoter of international rule of law , INGOs have
played an active role in their procedure and gained widespread attention world-
wide. However , everything has two sides , there has existed a good deal of dis-
harmony between INGOs and the procedure of international rule of
law. Particularly , the accountability crisis that INGOs have encountered in this
procedure has hindered their participation in it , therefore , it is necessary for
INGOs to examine their accountability in international rule of law.

International rule of law is one condition that the international community
has accepted a good governance by law. Although it's an extension of domestic
rule of law to international community , it's quite different from the domestic
one. Considering the international environment depended upon by international
rule of law and fragmentation of international law , the international rule of law
has its peculiar connotations such as diversified legislation , international legisla-
tion , and its intrinsic requirement of international good law and good governance.

Among these elements , the diversification of international rule of law mani-
fests itself in participants. Apart from domestic and international governmental
organizations , INGOs have been reported to have participated in the procedure
ofinternational rule of law by right of its own peculiar superiority. In addition ,
INGOs have played a key role in the procedure of international good law and
global good governance required by the international rule of law.

INGOs demonstrate their roles of participants and promoters in the proce-
dure ofinternational rule of law from numerous facts. Hence , the diversification

of the international rule of law requires features of the accountability of INGOs different from the past, which mainly include objects, subjects, contents, mothods, purposes and procedures of the accountability.

Numerous international treaties and international governmental organizations more or less endow INGOs with the rights enjoyed by the subjects of international law in both direct and indirect ways. There is no right without obligation. Moreover, if INGOs have rights to exercise their power, they are in duty bound to accept their obligations. Therefore, this paper attempts to explore the accountability of INGOs in the theoretic framework of "the accountability on the basis of rights" from the perspective of the international rule of law. The essence of this basis is the relativity between rights and duties, which means that since INGOs enjoy rights endowed by international law, they should undertake relevant obligations. INGOs should account for what they do to stakeholders and accept evaluation by them, so as to accept rewards or punishment according to evaluation results. The accountability crisis of INGOs stems from the rapid growth of INGOs, the increase of their financial investment; increasing significance in implementing international good law and global good governance and legality crisis.

However, it is those factors that lead to the increasing interaction between INGOs and the international rule of law, therefore, it is necessary to discuss the accountability crisis of INGOs from the perspective of international rule of law.

The international rule of law mainly refers to rule by international law applied among the subjects of international law. However, it is quite difficult to exhaustively reveal all the problems in the accountability crisis of INGOs from the perspective of international law, due to the deficiency of INGOs' status as subjects in international law. Despite of all kinds of efforts made by INGOs to gain status ofinternational law in their developmental process, the present progress is still unsatisfied because of various restrictions.

The mechanism of accountability of INGOs can be divided into three subclasses from the perspective of accountability subjects, all of which have both positive and negative sides. Firstly, every country should claim requirements to INGOs acting domestically through domestic legislation, moreover, a few countries in Europe can conclude international treaties to realize it. However, owing to the distinction of law and values among different countries, this method has very limited influence in INGOs. Secondly, the relationship between IGOs and INGOs manifests coorperation and regulation, in which IGOs have played a positive role in the accountability of INGOs by establishing the latter's obligations. However, given the inequal international legal status between IGOs and INGOs, surely this kind of accountability mechanism is not formal and comprehensive. Lastly, INGOs have itself restrained in establishing their own accountability by concluding and entering all kinds of codes of conduct and ethics which have inherent inadequacy in their implement mechanism because of voluntary nature.

In view of the peculiar connotation of INGOs' accountability from the perspective of international rule of law and different requirements made by numerous stakeholders, theirs is little possibility for INGOs establishing a most effective mechanism of accountability. Combining connotational requirements of international rule of law and their own characteristics, the author has found that the best way is taking good advantage of several current mechanisms of accountability to transit towards the ones constructed by treaty. Massive facts have demonstrated that INGOs have gained the qualification of the subject of international law so that constructing the accountability mechanism of INGOs by entering into treaty is feasible. On the basis of people – oriented, sustainable development and harmonious coexistence principles, INGOs should obey rule of law as well as transparency and balance principles to conclude treaty, and formulate detailed rules for the construction of INGOs' accountability mechanisms by answering the content, object and procedure of INGOs' accountability. What is more important, is focusing on approval, implementation mechanism and prior mechanism of participating in pertinent codes of conduct, or this kind of treaty would become formalistic. Although this method may face the challenge of time and cost, it will be quite an effective model which complies with the law of development in the long run.

Key words: international rule of law; INGOs; accountability; stakeholders; code of conduct

目　录

绪　论

一　问题的提出与研究意义

（一）问题的提出

正如美国学者卡尔·罗斯提亚拉（Kal Raustiala）所断言：非政府组织在国际事务中"参与的革命"悄然兴起。[①] 而作为本书所研究的对象，国际非政府组织（International Non – governmental Organizations，INGOs）[②] 自 20世纪 70 年代以来在国际事务的参与中更显示出了不可小觑的作用，但从学者们对国际非政府组织在国际法与国际治理领域中发挥积极作用的研究就可窥其一斑。但是事物的发展总是具备两面性，国际非政府组织的发展也是如此，在一味地赞颂其发挥积极作用的同时，学者们也开始关注国际非政府组织暴露出的一些缺陷，其中最主要的问题就是国际非政府组织的"问责"（accountability）缺陷。自 20 世纪 80 年代开始，"问责"风靡全球，当时主要探讨的是对政府和企业的问责，而国际非政府组织却因其"非营

[①]　See Kal Raustiala， "The 'Participatory Revolution' in International Environmental Law"， 21 *Harvard Environmental Law Review*，（1997）537，pp. 537 – 586.

[②]　有关国际非政府组织的定义，各学者与各组织给出了不同的界定，如王铁崖认为国际非政府组织是各国民间团体、联盟或个人，为了促进在政治、经济、科学、技术、文化、宗教、人道主义以及其他人类活动领域的国际合作而建立起来的一种非官方的国际联合体。国际协会联合会把活动范围限定为三个国家以上作为判定国际非政府组织的主要标准。世界共同信托组织把活动范围的国家限定为一个以上。而笔者认为限定三个国家有点过高，把国际非政府组织的定义界定为依法建立的、非政府的、有组织性的，并且出于公益性、具有独立性的在两个及以上国家解决各种社会问题的非官方组织。有关概念辨析参见刘海江《国际非政府组织国际法规制的可行性》，载《天津行政学院学报》2012 年第 5 期，第 34 页。

利性"与"公益性"性质往往被认为是纯洁的天使,不但没有追究其的问责,而且其往往是以问责主体的身份频繁出现。但是,近年来,这种状态发生了根本性的变化,由于一些事件的出现,国际非政府组织从问责主体向问责对象进行了转变,包括政府、政府间国际组织、企业、媒体及公众在内的行为体都发出了向国际非政府组织问责的要求。

事件一　国际奥委会盐湖城丑闻事件。1998 年,盐湖城市奥申委官员披露他们曾拿出 45 万美元为国际奥委会的官员及其家属提供了所谓的"奖学金",该事件揭开了国际奥委会受贿丑闻的大幕。随后事件继续升级,该年 12 月 10 日,国际奥委会的执行委员 Hodler 更是爆出惊人内幕:在奥委会的申办和投票阶段,至少有包括盐湖城在内的 4 个城市,通过有组织的贿赂击败了其他的竞争者。霍德勒(Hodler)还透露在国际奥委会的 115 名委员中,有 5%—7% 的委员曾要求以支持票换取钱财。Hodler 说接受贿赂的委员在过去的几年中,分别从获得申办成功的城市拿走了 300 万—500 万美元。而随后,国际奥委会主席胡安·安东尼奥·萨马兰奇(Juan Antonio Samaranch)也被媒体曝光,称其接受了盐湖城奥申委的两支勃朗宁枪作为礼物,价值远远超出了国际奥委会所规定的只能接受最高限额为 150 美元的礼物。虽然在该事件中,法庭在 2003 年 12 月 5 日做出了"没有结果"的结果,但是却将国际奥委会推向了"问责"的风口浪尖,最后,因与盐湖城丑闻有关被调查的 19 名委员中,4 人辞职,6 人被开除,9 人被严重警告。①

事件二　WTO 西雅图部长会议无果而终。1999 年 11 月 30 日至 12 月 3 日,WTO 在美国西雅图举行第三次部长理事会。会议期间,来自不同国家和地区的反贸易全球化的数百个非政府组织和五万多名抗议者举行了声势浩大的游行抗议活动,导致 WTO 西雅图部长会议无果而终。在该次会议期间,一位记者采访了国际非政府组织的领导人洛瑞·华莱士(Lori Wallach),向其提出了有关国际非政府组织参与国际事务的一系列问题,如"你们在质问政府间国际组织有民主缺陷的同时,是否也意识到国际非政府组织也存在着类似的问题?究竟是谁授权你们代表人民反对该次会议了?难道你们比经过民主程序选举的政府官员更有影响力吗?"Lori

---

① 参见《盐湖城丑闻:国际奥委会陷入空前危机中》,搜狐网 http://2008.sohu.com/20080730/n258482478.shtml,最后访问日期为 2013 年 12 月 18 日。

Wallach 没有直接回答该问题，而是反问道："那又是谁选举出了迈克·摩尔（Mike Moore）（当时的 WTO 总干事）？"当记者继续问到其组织应该对谁负责时，她仅仅回答是会员。① 很显然，在该对话中，并没有得出满意的答案。

事件三　国际非政府组织与颜色革命。俄罗斯智囊机构、俄罗斯政治研究所所长马尔科夫在接受记者采访时指出，最近发生在独联体几个国家中的"民主化浪潮"，即媒体通常所说的所谓"颜色革命"，一个最明显、最典型的特征就是西方国家的非政府组织在其中发挥了冲锋陷阵的作用。2005 年，美国总统布什（Bush）在国际共和研究院组织的"2005 年度自由奖"的发奖仪式上就公然表达了国际共和研究院这一非政府组织在美国境外推进政治和经济自由中发挥的重要作用，并且特别强调美国政府在阿富汗和伊拉克推进民主、进行政府更迭的过程中，几乎耗费了 3000 亿美元的资金；相反，在推动伊拉克、黎巴嫩等国家的颜色革命过程中，美国仅仅耗费了不足 46 亿美元，真可谓是少花钱，多办事。② 而这些推动颜色革命的非政府组织就是学者们所宣称的丧失独立性的"政府组织的非政府组织"。

事件四　吉闵·萨格尔（Gita Sahgal）被国际特赦组织免职事件。2010 年 4 月 7 日，美国《纽约时报》刊发了专访时任国际特赦组织（Amnesty International）某部门领导 Gita Sahgal 的文章，Gita 在文章中公开批评了国际特赦组织与支持塔利班的穆阿扎姆·贝格（Moazzam Begg）有密切关系，Begg 当时被媒体形容为"英国最著名的塔利班支持者"。Gita 认为作为一个专注人权领域的国际非政府组织，与 Begg 建立亲密关系是极其严重的错误判断，她相信："与塔利班的支持者建立合作伙伴关系绝对是完全错误的。"③ 文章一经刊发引起轩然大波，最终导致国际特赦组织解雇了 Gita Sahgal，同时也引起了学术界对此事件的讨论，讨论主

---

① Moises Naim, "Lori's War: Meet Lori Wallach, Leader of the Anti‐WTO Protests in Seattle", 118 *Foreign Policy*, (2000) 29, pp. 29‐55.

② 参见《分析：非政治组织在独联体国家颜色革命中的角色》，新浪网 http://news. sina. com. cn/w/2005‐06‐22/18237018269. shtml，最后访问日期为 2013 年 12 月 19 日。

③ Richard Kerbaj, "Amnesty International is 'Damaged' by Taliban Link", *The Sunday Times*, http://www. thesundaytimes. co. uk/sto/news/world_ news/article197042. ece，最后访问日期为 2013 年 12 月 19 日。

要关注国际特赦组织与塔利班的支持者建立密切合作关系是否与其使命相符,是否经受住使命问责?①

此外,有关非政府组织因缺乏有效的问责机制而经常爆出丑闻,如1992年的美国联合慈善基金会丑闻、② 2005年的新加坡肾脏基金会丑闻、③ 2011年的中华慈善总会虚开发票丑闻、④ 2011年的中国红十字会郭美美网上炫富事件致捐赠锐减⑤等。这些事件中虽然有的仅仅为某一国家内非政府组织所为,但是也为国际非政府组织的行为敲响了警钟。这些事件的发生以及引发的对非政府组织问责的讨论为笔者的研究指明了方向。这一系列事情的发生,一方面说明了国际非政府组织参与国际事务的能力与影响都在不断地发展;而另一方面说明了国际非政府组织在参与国际事务过程中存在着一系列问题,而这些问题正是保证国际非政府组织沿着正确轨道发展的障碍。同样,当我们欣喜地看到国际非政府组织在国际法治与全球治理的过程中担当着参与者和促进者角色的同时,不禁要思考一些问题:国际非政府组织究竟代表了谁?应该向谁负责?怎么负责?如果负责失败,应该承担什么样的后果?带着这一连串的疑问和困惑,笔者最终确定了"国际法治视野内国际非政府组织问责机制研究"这一研究主题。

(二) 研究意义

本书在国际法治视野内,对国际非政府组织问责机制进行研究,具有重要的理论和实践意义。

---

① See Diana Hortsch, "The Paradox of Partnership: Amnesty International, Responsible Advocacy, and NGO Accountability", 42 *Columbia Human Rights Law Review*, (2010) 119, pp. 119 – 155.

② 基金会主席阿尔莫妮挪用60万美元善款用于个人度假、购房以及包养情人,还安排儿子和朋友占据要职、享受高薪,参见《发达国家如何打造慈善公信力》,搜狐网 http://roll. sohu. com/20110707/n312721070. shtml,最后访问日期为2013年12月9日。

③ 肾脏基金会主席杜莱在2005年7月被曝其家中连水龙头都镀金,最终被迫辞职,参见《发达国家如何打造慈善公信力》,搜狐网 http://roll. sohu. com/20110707/n312721070. shtml,最后访问日期为2013年12月9日。

④ 2011年8月9日《参考消息》报道称,中华慈善总会被指向一家太阳能电池板公司开出价值1500万元人民币的发票,但是这些太阳能电池板仍然留在捐赠者的仓库内,中华慈善总会收取了5万元的手续费,参见《中华慈善总会曝付钱捐赠丑闻》,《参考消息》官方网站 http://china. cankaoxiaoxi. com/2011/0819/1142. shtml,最后访问日期为2013年12月9日。

⑤ 参见《郭美美事件持续发酵——红十字会陷信任危机》,凤凰网 http://news. ifeng. com/society/special/guomeimei/,最后访问日期为2013年12月9日。

1. 理论意义

（1）进一步丰富非政府组织的问责理论。截至目前，研究非政府组织问责的论文与著作为数不少，但是大多都局限在国内法领域与非政府组织的内部治理领域去考察非政府组织的问责。而本书的研究对象首先关注的是国际非政府组织，这就与仅仅在一个国家范围内进行活动的非政府组织有所区别；其次，本书的研究是把国际非政府组织的问责限定在国际法治的语境下，势必将会赋予国际非政府组织问责理论以新的内涵，从而丰富了非政府组织的问责理论。

（2）进一步丰富国际法主体理论。把国际非政府组织放在国际法治的语境下考虑，从实证的角度考虑到其在国际法治过程中发挥的作用和担当的角色，势必要赋予特定的国际非政府组织以国际法主体地位。传统上，只有国家才可以作为国际法的主体，政府间国际组织是派生主体，但是事物总是发展变化的，国际法主体也将随着国际法的发展需要而逐渐增加，赋予特定的国际非政府组织以国际法主体地位正是顺应这一发展潮流。

（3）进一步丰富国内法理论。囿于目前国际非政府组织缺少国际法主体地位，其只能在某一国家根据其国内法进行注册和发展。但是每个国家由于历史条件和法规完善程度的不同，对在本国注册和活动的国际非政府组织的问责考量有很大的差别。本书的研究也将对国家从国内法的角度加强对国际非政府组织的问责约束有一定的借鉴意义。

2. 实践意义

（1）有利于推动国际非政府组织的健康发展。没有规矩，不成方圆。由于在国际法范畴内缺少对国际非政府组织的有效问责，所以国际非政府组织的发展也是良莠不齐，在发展的过程中总是遇到各种问题，特别是国际社会对国际非政府组织的问责产生的疑问，势必会影响国际非政府组织自身的公信力和影响力，从而阻碍其健康发展。本书的研究主要关注在国际法治视野内国际非政府组织问责机制的构建，对其代表性、透明度、申诉与惩处机制等提出建设性建议，从而推动国际非政府组织的健康发展。

（2）有利于国际非政府组织顺利实现职能与目标。鉴于国际非政府组织国际法律地位的缺失与自身局限性的存在，其目标的实现单靠自身的努力是难以完成的，势必要寻求与国家和政府间国际组织等国际行为体的合作。而其问责的缺陷构成了寻求与其他国际行为体合作的主要障碍。所以，国际非政府组织问责机制的完善有利于其实现职能与目标。

（3）有利于加速国际法治进程。国际法治必将缓慢地进行，也需要包括国际非政府组织在内的众多国际行为体的共同努力。何志鹏教授在其文章中通过以下几个方面来总结非政府组织在参与国际法治中所发挥的作用和影响：对特定的问题进行研究与教育，进行专门知识和信息的传播，特别提供和宣传非政府组织的观点与思想；从事运作型的发展项目；通过倡议、游说等方式向政府鼓励在社区水平上的政治参与、反映公民关心的问题；对政府和政府间国际组织的政策和行为进行监督，影响国家行为和认同、帮助监督和执行国际协议；在紧急状况下进行人道主义救援。① 国际非政府组织是参与和推动国际法治不可或缺的力量。

（4）有利于全球治理的顺利进行。史蒂夫·夏诺维茨（Steve Charnovitz）在其文章中从以下几个方面总结了国际非政府组织在参与全球治理中所起到的作用。第一，国际非政府组织在政府进行特殊主题时，可以为其提供专业技术知识；第二，国际非政府组织可以为政治协商提供正式渠道以外的机会；第三，国际非政府组织可以通过提供迅速的反馈来帮助政府测试有争议的建议；第四，国际非政府组织可以帮助政府批准或实施新的条约；第五，国际非政府组织可以为在决策过程中没有被充分代表的群体发出声音；第六，国际非政府组织可以帮助政府间国际组织发挥其作用；第七，国际非政府组织可以促进政府间国际组织实现问责；第八，国际非政府组织可以通过监督谈判促进政府的问责实现；第九，国际非政府组织可以监督政府实施国际协议；第十，咨商过程可以为国际非政府组织在决策制定中提供更多的机会。② 因此，国际非政府组织与其他国际行为体一道组成网络机构，共同参与国际治理的行为在一定程度上得到了认可，而一套有效的问责机制更是其顺利参与国际治理的保障。

二　国内外研究现状概述

国际非政府组织进入研究者的视野由来已久，根据笔者在“Heion-

---

① 何志鹏：《国际法治：一个概念的界定》，载《政法论坛》2009 年第 4 期，第 68—69 页。

② Steve Charnovitz, "Two Centuries of Participation: NGOs and International Governance", 18 *Mich. J. Int'l L.*，（1996 – 1997）190, pp. 274 – 275.

line"与"中国知网"以国际非政府组织为关键词进行查询，国内外学者
在国际法范畴内对国际非政府组织进行的研究主要体现在国际非政府组织
对国际法发展的贡献、① 对国际非政府组织参与全球治理的讨论②与国际

① 可参见刘贞晔《国际政治领域中的非政府组织》，天津人民出版社2005年版；徐莹《当代
国际政治中的非政府组织》，当代世界出版社2006年版；［美］何塞·E. 阿尔瓦雷斯《作为造法者
的国际组织》，蔡从燕等译，法律出版社2011年版；鄂晓梅《国际非政府组织对国际法的影响》，
载《政法论坛》2001年第3期，第122—126页；鄂晓梅《NGO和WTO：国际非政府组织对国际贸
易规则的影响》，载《武大国际法评论》2010年第2期，第371—391页；黄志雄《非政府组织：
国际法律秩序中的第三种力量》，载《法学研究》2003年第4期，第122—131页；孙海燕《国际
非政府组织国际法律地位的国际造法尝试评析》，载《贵州大学学报》（社会科学版）2008年第4
期，第44—49页；王秀梅《国际非政府组织与国际法之"跨国立法"》，载《河南省政法管理干部
学院学报》2006年第4期，第202—207页；向凌《非政府组织介入WTO争端解决机制的实证分析
及其利弊考量》，载《时代法学》2010年第4期，第92—98页；赵海峰、李晶珠《非政府组织与
国际刑事法院》，载《当代法学》2007年第5期，第27—33页；Shamima Ahmed，"The Impact of
NGOs on International Organizations：Complexities and Considerations"，36 *Brook. J. Int'l L.*，（2010 -
2011）817，pp. 817 - 840；Cenap Cakmak，"Civil Society Actors in International Law and World Politics：
Definition，Conceptual Framework，Problems"，6 *Int'l J. Civ. Soc'y L.*，（2008）7，pp. 7 - 35；Steve
Charnovitz，"Nongovernmental Organizations and International Law"，100 *The American Journal of Interna-
tional Law*，（2006）348，pp. 348 - 372；Holly Cullen and Karen Morrow，"International Civil Society in
International Law：The Growth of NGO Participation"，1 *Non - State Actors and International Law*，
（2001）7，pp. 7 - 39；Marcia E. Greenberg，"NGO Participation in International Law and Its Processes：
An Eastern European Case Study"，95 *Am. Soc'y Int'l. Proc.*，（2001）300，pp. 300 - 305；Karsten Now-
rot，"Legal Consequences of Globalization：The Status of Non - Governmental Organizations under Interna-
tional Law"，6 *Ind. J. Global Legal Stud.*，（1998 - 1999）579，pp. 579 - 645；Zoe Pearson，"Non - Gov-
ernmental Organizations and the International Criminal Court：Changing Landscapes of International Law"，
39 *Cornell Int'l L. J.*，（2006）243，pp. 243 - 284.

② 可参见邵鹏《全球治理：理论与实践》，吉林出版集团有限责任公司2010年版；王杰、
张海滨、张志洲《全球治理中的国际非政府组织》，北京大学出版社2004年版；王铁军《全球
治理机构与跨国公民社会》，上海世纪出版集团2011年版；俞可平《全球化：全球治理》，社会
科学文献出版社2003年版；［美］约瑟夫·S. 奈、约翰·D. 唐纳胡《全球化世界的治理》，王
勇等译，世界知识出版社2003年版；［美］詹姆斯·N. 罗西瑙《没有政府的治理》，张胜军等
译，江西人民出版社2001年版；［英］戴维·赫尔德、［英］安东尼·麦克格鲁《全球化理论：
研究路径与理论论争》，王生才译，社会科学文献出版社2009年版；徐莹《国际非政府组织参与
全球治理的合作路径及其对中国的启示：以澳大利亚非政府组织在印度洋海啸中的救援行动为案
例》，载《宁夏党校学报》2008年第4期，第99—102页；Kenneth Anderson，"'Accountability'
as 'Legitimacy'：Global Governance，Global Civil Society and the United Nations"，36
Brook. J. Int'l L.，（2010 - 2011）841，pp. 841 - 890；Magdalena Bexell，Johas Tallberg(转下页)

非政府组织的国际法规制①等。而有关问责性的讨论自 20 世纪 80 年代也开始进入研究者的视野，但是学者们在研究非政府组织的问责时，并没有像笔者一样严格区分国际非政府组织和非政府组织，只是从其论文的叙述中可以推断出其探讨的对象为国际非政府组织。笔者对在能力范围内查询到的论文进行消化和总结后，认为国内外的学者对非政府组织的问责性进行讨论主要体现在以下几个方面。

（一） 国外研究现状

虽然笔者没有查询到国外学者在国际法治范畴内研究国际非政府组织问责的文献，但是国外学者与机构从不同的角度对非政府组织的问责进行了研究，切入点各有不同，有的是从理论角度，有的是从实证的角度。笔者对国外学者与机构对非政府组织问责的研究进行分类，发现主要体现在以下几个方面。

1. 非政府组织问责基本理论研究

戴纳·布雷克曼·瑞瑟（Dana Brakman Reiser）和克莱尔·R. 凯利（Claire R. Kelly）把非政府组织的问责定义为"使命问责"（mission accountability），即非政府组织必须忠诚地实现其使命。② 帕特里克·基尔比（Patrick Kilby）也认为必须把非政府组织本身要实现的价值与其问责紧密地连接起来，增强其问责是实现其存在价值的主要途径之一。③ 雨果·斯

（接上页）and Anders Uhlin, "Democracy in Global Governance: The Promises and Pitfalls of Transnational Actors", 16 Global Governance, （2010）81, pp. 81 – 101; Erik B. Bluemel, "Overcoming NGO Accountability Concerns in International Governance", 31 *Brook. J. Int'l L.* , （2005 – 2006）139, pp. 139 – 206; Steve Charnovitz, "Two Centuries of Participation: NGOs and International Governance", 18 *Mich. J. Int'l L.* , （1996 – 1997）183, pp. 183 – 286; Kathrin Dombrowski, "Filling the Gap? An Analysis of Non – Governmental Organizations Responses to Participation and Representation Deficits in Global Climate Governance", 10 *Int Environ Agreements*, （2010）397, pp. 397 – 416; Dana Brakman Reiser and Claire R. Kelly, "Linking NGO Accountability and the Legitimacy of Global Governance", 36 *Brook. J. Int'l L.* , （2010 – 2011）1011, pp. 1011 – 1073; B. K. Woodward, "Global Civil Society and International Law in Global Governance: Some Contemporary Issues", 8 *Int'l Comm. L. Rev.* , （2006）247, pp. 247 – 355.

① 参见刘海江《国际非政府组织国际法规制研究》，法律出版社 2013 年版。

② Dana Brakman Reiser and Claire R. Kelly, "Linking NGO Accountability and the Legitimacy of Global Governance", 36 *Brook . J . Int' L.* , （2010 – 2011）1011, pp. 1011 – 1073.

③ Patrick Kilby, "Nongovernmental Organizations and Accountability in an Era of Anxiety", 5 *Seton Hall J. Dipl. & Int'l Rel.* , （2004）67, pp. 67 – 78.

利姆（Hugo Slim）系统地提供了一个关于非政府组织问责的定义，其认为非政府组织的问责是一个过程，非政府组织应该在这个过程中向所有的利益相关者展示其信念，做了什么，没有做什么，并且应该对其所了解到的进行积极回应。[①] 杰姆·本德尔（Jem Bendell）在文章中采用《国际非政府组织问责宪章》中对问责的定义方式，通过回答以下四个问题对非政府组织的问责进行定义，即谁要问责？向谁问责？为了什么问责？以什么方式问责？[②] 朱丽安·李（Julian Lee）则是通过回答以下三个问题来对非政府组织的问责进行了定义，即为了什么问责？向谁问责？怎样做到问责？[③] 君尔曼（Jeffroy Unerman）认为应该把非政府组织问责的定义重点放在对组织的内部责任之上。[④]

2. 非政府组织参与全球治理问责的研究

研究者们都一致认为非政府组织，特别是国际非政府组织，都较为积极地参与了全球治理并且发挥了很重要的作用，所以非政府组织的问责在全球治理中表现得尤为重要。戴纳·布雷克曼·瑞瑟（Dana Brakman Reiser）和克莱尔·R. 凯利（Claire R. Kelly）认为增强非政府组织的问责是确保非政府组织参与全球治理正当性的途径。[⑤] 埃里克·B. 布卢梅尔（Erik B. Bluemel）认为增强非政府组织的问责必须依赖非政府组织在全球治理中履行的特殊治理职能。所以对非政府组织问责机制的构建要因其履行的职能不同而不同。作者认为非政府组织在国际治理中主要发挥以下作用：政策形成、管理职责和实施，所以对其问责应根据行使的具体职能

---

① Hugo Slim, *By What Authority? The Legitimacy and Accountability of Non - governmental Organizations*, http：//www. gdrc. org/ngo/accountability/by - what - authority. html, 最后访问日期为 2013 年 12 月 22 日。

② Jem Bendell, "Debating NGO Accountability", UN Non - Governmental Liaison（NGLS）, 2006, http：//www. un - ngls. org/orf/pdf/NGO_ Accountability. pdf, 最后访问日期为 2013 年 12 月 2 日。

③ Julian Lee, *NGO Accountability*：*Rights and Responsibilities*, *Presented at the Programme on NGOs and Civil Society*, 2004, The Centre for Applied Studies in International Negotiations（CASIN）., Geneva, Switzerland.

④ Unerman, "Theorising Accountability for NGO Advocacy", 19 *Accounting Auditing & Accountability Journal*,（2006）349, p. 356.

⑤ Dana Brakman Reiser and Claire R. Kelly, "Linking NGO Accountability and the Legitimacy of Global Governance", 36 *Brook. J. Int'l.*,（2010 - 2011）1011, pp. 1011 - 1073.

不同而表现出不同。迈克尔·施波尔卢克（Michael Szporluk）虽然认为国际非政府组织对全球善治做出了巨大的贡献，应该增强其问责性，但是并没有讨论怎样增强问责。① 肯尼思·安德森（Kenneth Anderson）指出增加国际非政府组织的问责是解决其参与全球治理合法性危机的一个重要途径。② 此外，有些学者还把非政府组织的问责放入全球治理的一些领域中进行讨论，如珍妮·E. 劳德（Janet E. Lord）认为需要在国际人权标准领域中增强非政府组织的问责；③ 保罗·杰普森（Paul Jepson）在非政府组织参与国际环境治理中讨论了其问责。④

3. 非政府组织问责机制的途径

杰弗里·君尔曼（Jeffrey Unerman）、布伦丹·德怀尔（Brendan O' Dwyer）认为不可能仅有一套问责机制适用于所有类型的非政府组织，因为这些机制的效率取决于与每个非政府组织特点有关的一系列因素。⑤ 迈克尔·施波尔卢克（Michael Szporluk）认为只讨论非政府组织对利益相关者的问责用处是不大的，只有各利益相关者也增强其问责才对增强非政府组织的问责有作用。⑥ 戴纳·布雷克曼·瑞瑟（Dana Brakman Reiser）和克莱尔·R. 凯利（Claire R. Kelly）认为国际组织是在国际法领域弥补非政府组织问责缺陷的"守门人"（gatekeeper），并以联合国、世界银行与世界卫生组织等国际组织为例表明国际组织是怎样约束国际非政府组织问责的。⑦ 马克·格鲁莫（Marco Grumo）以国内非营利组织为例，提出增

---

① Michael Szporluk, "A Framework for Understanding Accountability of International NGOs and Global Good Governance", 16 *Ind. J. Global Legal Stud.*, (2009) 339, pp. 339 – 361.

② Kenneth Anderson, "'Accountability' as 'Legitimacy': Global Governance, Global Civil Society and the United Nations", 36 *Brook. J. Int'l L.*, (2010 – 2011) 841, pp. 841 – 890.

③ Janet E. Lord, "Mirror, Mirror on the Wall: Voice Accountability and NGOs in Human Rights Standard Setting", 5 *Seton Hall J. Dipl. & Int'l Rel.*, (2004) 93, pp. 93 – 110.

④ Paul Jepson, "Governance and Accountability of environmental NGOs", 8 *Environmental Science & Policy*, (2005) 515, pp. 515 – 524.

⑤ Jeffrey Unerman, Brendan O' Dwyer, *On James Bond and the importance of NGO Accountability*, http: //www. emeraldinsight. com/0951—3574. htm, 最后访问日期为 2013 年 12 月 25 日。

⑥ Michael Szporluk, "A Framework for Understanding Accountability of International NGOs and Global Good Governance", 16 *Ind. J. Global Legal Stud.*, (2009) 339, pp. 339 – 361.

⑦ Dana Brakman Reiser and Claire R. Kelly, "Linking NGO Accountability and the Legitimacy of Global Governance", 36 *Brook. J. Int'l.*, (2010 – 2011) 1011, pp. 1011 – 1073.

强问责的途径建议。① 丽莎·乔丹（Lisa Jordan）、彼得·范·图埃尔（Peter Van Tuijl）特别指出国际非政府组织在全球层面的问责现行方法遭遇着失败，需要面临着新方法的挑战。② 雨果·斯利姆（Hugo Slim）建议不能期望非政府组织的问责在其活动这么宽泛的环境下找到统一的模式，所以应该构建有关非政府组织多种利益相关者的地图，因为这个地图可以展现出相互之间的利益冲突，从而有助于设计恰当的问责机制。③ 罗伯特·查尔斯·比利特（Robert Charles Blitt）在其文章中提出的解决办法是行业自律，就是说主要靠非政府组织设置较为详细的行为准则，包括成员标准、信息披露义务与报告义务等，并且认为这些行为准则应该是独立的，不应由政府进行干预，可以邀请一些非政府组织自愿地参加。④ 采用同样观点的还有迈克尔·埃德华（Michael Edwards），其认为非政府组织的问责存在着很多的弱点，因为没有一个专门的和统一的结构使非政府组织向他们汇报其活动，所以其认为要实现对非政府组织的监督，更多地通过加强非政府组织的自律，使非政府组织志愿性及非强制性地加入。⑤ 事实上，以上两位研究者所提及的建议也广泛地被国际非政府组织所采用，如《国际非政府组织问责宪章》《红十字国际委员会、红新月及其他非政府组织参与灾难救助的行为准则》等都具备这种作用。杰姆·本德尔（Jem Bendell）在文章中提出了"民主问责"（democratic accountability）的建议，认为构建一个非政府组织问责的有用框架，就是把民主和人权放在讨论非政府组织问责的中心。⑥ 朱丽安·李（Julian Lee）则对正在使用

---

① Marco Grumo, "Toward a Greater Accountability for Italian NPOs: Two Proposals from the Italian & Milanese Accounting Boards Affecting the Annual Reports & Social Auditors of NPOs", 1 *Int'l J. Civ. Soc'y L.*, (2003) 23, pp. 23 – 48.

② See Lisa Jordan, Peter Van Tuijl, *NGO Accountability Politics, Principles & Innovations*, Routledge, 2006.

③ Hugo Slim, *By What Authority? The Legitimacy and Accountability of Non – governmental Organizations*, http://www.gdrc.org/ngo/accountability/by – what – authority. html, 最后访问日期为 2013 年 12 月 22 日。

④ Robert Charles Blitt, "Who will Watch the Watchdogs? Human Rights Nongovernmental Organizations and the Case for Regulation", 10 *Buffalo Human Rights Law Review*, (2004) 261, pp. 261 – 398.

⑤ Michael Edwards, *NGO Rights and Responsibilities: A New Deal for Global Governance*, London: The Foreign Policy Centre, 2000.

⑥ Jem Bendell, *Debating NGO Accountability*, UN Non – Governmental Liaison (NGLS), 2006, http://www.un – ngls.org/orf/pdf/NGO_ Accountability.pdf, 最后访问日期为 2013 年 12 月 2 日。

中的非政府组织的问责机制进行了总结，主要包括认证体系、定级体系、能力建设工具、行为准则、监督和评估、信息披露和报告义务等，其认为现行的这些方式各有各的缺点，因为没有真正与非政府组织要实现的目标联系在一起，也没有真正考虑这些机制有效实施的成本。[①]

　　总之，国外的学者从不同角度对非政府组织的问责提出了建议，但是并没有提出一套真正有效的针对非政府组织问责的机制，更是对国际法治视野内的国际非政府组织的问责没有提及。

（二）国内研究现状

　　中国国内在 20 世纪鲜有对国际非政府组织的研究，对于非政府组织的研究也大多局限于管理学等领域。进入 21 世纪以来，国内的学者才逐渐加大了对非政府组织的研究，更有学者开始在国际法领域内对国际非政府组织进行研究，这是很值得欣喜的，研究的学者主要有黄志雄、[②] 王彦志[③]与李俊义[④]。但是对国际非政府组织的问责进行讨论的文章却很少面世。根据笔者以国际非政府组织的问责为关键词在中国知网进行查询，符合条件的几乎没有，所能查到的只是一些讨论非营利组织问责的文章，[⑤] 几

---

　　① Julian Lee, *NGO Accountability*: *Rights and Responsibilities*, Presented at the Programme on NGOs and Civil Society, 2004, The Centre for Applied Studies in International Negotiations (CASIN), Geneva, Switzerland.

　　② 参见黄志雄《国际法视角下的非政府组织：趋势、影响与回应》，中国政法大学出版社 2012 年版。

　　③ 参见王彦志《非政府组织与国际法的合法性》，载《东方法学》2011 年第 6 期，第 98—107 页。

　　④ 参见李俊义《非政府间国际组织的国际法律地位研究》，华东政法大学 2010 年博士学位论文。

　　⑤ 于常有：《非营利组织问责：概念、体系及其限度》，载《中国行政管理》2011 年第 4 期，第 45—49 页；陈志广：《非营利组织问责：公共选择的分析》，载《南京社会科学》2012 年第 6 期，第 78—83 页；向加吾：《非营利组织问责：逻辑意蕴、困境解析与途径探究》，载《湖北社会科学》2012 年第 9 期，第 35—38 页；傅金鹏：《非营利组织问责的深层困境与对策探讨》，载《社团管理研究》2012 年第 6 期，第 25—30 页；邵绍辉：《公共精神：非政府组织问责的价值维度》，载《云南行政学院学报》2009 年第 6 期，第 78—81 页；刘俊：《完善我国非营利组织的问责机制》，载《湖北社会科学》2008 年第 5 期，第 42—44 页；陈晓春、王辉：《我国非营利组织问责适应性探析》，载《行政论坛》2008 年第 4 期，第 75—79 页；李勇：《非政府组织问责研究》，载清华大学公共管理学院 NGO 研究所编《中国非营利组织评论》，社会科学文献出版社 2010 年版，第 45—86 页；李军：《非营利组织问责研究》，山东大学 2010 年硕士学位论文；王辉：《我国非营利组织问责问题研究》，湖南大学 2008 年硕士学位论文等。

乎没有见到在国际法治视野内讨论国际非政府组织问责的文章，这些文章绝大多数都是在国内法的框架下讨论本国范围内的非营利组织的问责，与笔者所要探讨的论题有较大的区别。但笔者对国内以国际法治、国际非政府组织、问责为关键词的论文和著作进行梳理后发现，结果并没有那么悲观。

1. 对非政府组织参与国际法治的探讨

虽然国际法仍然不成体系，但是可以说没有国际非政府组织就没有今天的国际法。所以，在国际法治的进程中，虽然政府也许将一直作为国际法治的主导力量，但是不能回避国际非政府组织在其发展进程中所起到的作用。何志鹏教授在其文章中通过以下几个方面来总结非政府组织在参与国际法治中所发挥的作用和影响：对特定的问题进行研究与教育，进行专门知识和信息的传播，特别提供和宣传非政府组织的观点与思想；从事运作型的发展项目；通过倡议、游说等方式向政府鼓励在社区水平上的政治参与、反映公民关心的问题；对政府和政府间国际组织的政策和行为进行监督，影响国家行为和认同、帮助监督和执行国际协议；在紧急状况下进行人道主义救援。[1] 刘衡博士在其博士论文中也肯定了非政府组织在国际法治中的作用。[2] 聂洪涛认为在全球治理的环境下，国际非政府组织已经有效地弥补了国家和政府间国际组织的缺陷，成为国际法治的进程中一支很重要的参与力量。[3]

2. 对非政府组织问责的讨论

李勇主要研究了非政府组织问责的概念、逻辑形式、问责内容等问题，虽然他并没有明确提及国际非政府组织，但是从其举的实例可以看出，他所讨论的就是国际非政府组织的问责。李勇把国际非政府组织的问责分为了三个要素，即问责主体、问责内容和问责方式，特别是在问责方式中提出了认证、行为准则和标准、监控和评估、参与、评级、报告机制、选举七种方式。[4] 张清通过借鉴乌干达《1988/1989 年非政府组织法

---

① 何志鹏：《国际法治：一个概念的界定》，载《政法论坛》2009 年第 4 期，第 68—69 页。

② 参见刘衡《国际法之治：从国际法治到全球治理》，武汉大学 2011 年博士学位论文。

③ 参见聂洪涛《国际法治建构中的主体问题初探》，载《社会科学家》2008 年第 8 期，第 71—75 页。

④ 参见李勇《非政府组织问责研究》，载清华大学公共管理学院 NGO 研究所编《中国非营利评论》，社会科学文献出版社 2010 年版，第 45—86 页。

案》和菲律宾非政府组织认证委员会对非政府组织问责的经验为建立我国非政府组织的问责机制提出了法律问责、绩效问责、利益相关者报告卡问责、道德问责与第三方评估问责等建议。①

综上所述，就目前国内外既有的对国际非政府组织的研究，尽管已经对其法律地位、参与全球治理的作用、参与国际法治进程、问责等有了研究成果，但是却缺少在国际法治视野内对国际非政府组织问责的探讨。在该领域内还留有一些问题值得研究，如国际非政府组织在国际法治进程中担当着什么样的角色？为什么有必要在国际法治视野内讨论国际非政府组织的问责性？在既有的国际层面内，哪些机制对国际非政府组织的问责发挥着作用，并具备什么样的缺陷？是否有可能存在着一个较为可行和有效的有关国际非政府组织问责的机制？既有的成果对这些问题涉及少之又少，甚至有些领域还没有涉及，笔者正是基于对这些问题的回应才对之进行研究。

三　研究思路、框架与主要研究方法

（一）研究思路

本书主要是沿着提出问题——分析问题——解决问题的思路展开，首先，提出问题。通过一些具体的实例，表明国际非政府组织的问责危机已经存在；其次，分析问题。通过对国际法治、国际非政府组织的问责内涵进行探讨，继而分析探讨该问题的理论框架，并对现有的国际非政府组织问责机制的优劣点进行分析；最后，解决问题。在上述分析的基础上提出解决问题的建议。

（二）本书框架

本书除了绪论之外，共分为五部分。

本书的第一部分为"国际非政府组织与国际法治的实证联结"。国际法治区别于国内法治，有其独特的内涵，本部分的首要目的是对国际法治的内涵进行界定，指出目前所探讨的国际法治为多元化法治与国际法之

---

① 参见张清等《非政府组织的法治空间：一种硬法规制的视角》，知识产权出版社 2010 年版。

治。在对国际法治内涵进行界定的基础上指出国际非政府组织在国际法治的内涵中所占据的地位。所以，探讨国际法治视野内国际非政府组织的问责，必须首先考量国际非政府组织与国际法治的实证联结，用实证证明国际非政府组织在国际法治进程中担当着促进者和参与者的角色，为下文继续探讨国际法治视野内国际非政府组织的问责奠定了理论和实证基础。

本书的第二部分为"国际法治视野内国际非政府组织问责机制基本理论探讨"。在国际法治视野内对国际非政府组织的问责进行探讨，必将赋予其独特的内涵。本部分主要是对国际法治视野内国际非政府组织的问责内涵进行界定，分别从问责对象、问责主体、问责内容、问责方式、问责目的与问责过程等方面赋予了独特的内涵。然后分析了在国际法治视野内探讨国际非政府组织问责的理论框架，指出在国际法治视野内对国际非政府组织是基于权利而问责，国际非政府组织既然享有国际法所赋予的权利，就要承担责任，在国际法治的进程中就要对利益相关者交代自己的行为，就要接受利益相关者的评估，并根据结果接受相应的惩罚和奖励。

本书的第三部分为"国际法治视野内国际非政府组织问责危机与探讨障碍论辩"。在本部分内，首先对国际非政府组织的问责性危机进行了论辩，分析了国际非政府组织问责危机源起的原因主要是非政府组织的迅速增长、吸引资金的大量增加、在国际良法与全球善治领域的作用越来越重要及其存在着合法性危机等。然后从国际非政府组织与国际法治互相借重和需要的角度，说明探讨国际法治视野内国际非政府组织问责危机的必要性。但是由于国际法治主要是指国际法之治，鉴于国际非政府组织国际法主体地位的缺失，指出在国际法治视野内探讨国际非政府组织的问责还存在着一定的障碍。虽然国际非政府组织在发展的过程中，在面对获取国际法律地位的历史机遇的时候都做出了努力，但是囿于各种条件的限制，所取得的进展还不是很令人满意。

本书的第四部分为"国际法治视野内国际非政府组织问责机制现有路径分析"。目前，在国际法治视野内并不是没有针对国际非政府组织的问责机制。国家通过国内立法、在欧洲区域内少数国家通过缔结国际条约、政府间国际组织通过与国际非政府组织的合作建立咨商关系、参与关系等，国际非政府组织通过缔结行为准则和道德准则的方式对自身的问责建设也提出了种种要求。这些现存的方式都从自己的领域内发挥了一定的积极作用。但是这些方式又存在各种缺陷，如缺失有效的实施机制等。所以，这些针对国际非政府组织的问责机制存在并没有完全发挥出所期望的作用。

　　本书的第五部分为"国际法治视野内国际非政府组织问责机制构建的展望"。鉴于国际非政府组织发展的复杂性和在国际法领域中所发挥的日益重要的作用,不同的利益相关者对国际非政府组织的问责提出不同的要求。从第四章对目前存在的几种对国际非政府组织问责方式的缺陷进行分析后可以看出,目前在国际法治视野内构建对国际非政府组织问责机制的最佳途径是在充分利用目前现有几种方式的基础上,过渡为缔结统一国际条约的方式。本章除了分析缔结统一国际条约方式的可行性之外,还对通过缔结该类条约对国际非政府组织进行问责所坚持的理念、基本原则和必备的制度提出了建议性的构想。

(三) 主要研究方法

1. 实证分析方法

　　国际非政府组织是通过自身的行为积极地参与到国际法治与全球治理中来的,所以其问责性危机也是在其行为过程中才表现出来。所以,对在国际法治视野内国际非政府组织的问责机制进行研究,必将离不开各种案例,通过这些案例提出问题的存在、通过这些案例来表明国际非政府组织是以什么样的身份参与到国际法治的进程中来并发挥出什么样的作用、通过具体的实例来表明目前国际法范畴内存在着哪些机制对国际非政府组织的问责进行规制等,所以实证分析方法是贯穿本书的主要方法。

2. 跨学科分析方法

　　国际法是一门较为特殊的学科,其不但属于法学的基本学科,而且其与国际关系、国际政治、法理学、社会学等学科有着密切的关系。而国际非政府组织的问责也是一个特殊的问题,其必将不能仅用空洞的法律理论去约束,其中必将用到管理学等学科知识,笔者以期借用上述学科的研究思路与方法得到有益的结果。

3. 比较分析方法

　　目前,在国际法视野内存在着几种对国际非政府组织的问责进行约束的方式,国家、政府间国际组织与国际非政府组织自身也都为该机制进行着努力。所以在国际法治视野内对国际非政府组织的问责机制进行研究,必须对目前存在的几种方式进行比较分析,比较其优劣点,才能在国际法治视野内对国际非政府组织的问责机制的构建提出较为有效的建议。

第一章

国际非政府组织与国际法治的实证联结

国际非政府组织自登上历史舞台以来在国际法领域的活跃表现，昭示着国际法治领域正在发生着结构性的变化。国际非政府组织或直接或间接地推动了国际法律秩序的变化，对当代国际法治的理论和实践都产生着积极的影响。国际非政府组织在国际法治中参与者和促进者角色的发挥，证明了两者之间实证联结的存在。

一 国际非政府组织全球发展的特征与影响

我们正处于一个多元化的世界，自 1648 年威斯特伐利亚和约时期起确立的以国家为核心的国际社会正在悄然发生着变化，除了政府间国际组织之外，作为本书研究对象的国际非政府组织更是依靠其所具备的先天的草根意识、全球视野等"软权力"，[①] 再加上其跨国性的网络式活动模式，在参与国际事务的过程中尤其引人注目，如人们较为熟悉的国际特赦组织（Amnesty International）、绿色和平组织（Greenpeace）、红十字国际委员会（International Committee of the Red Cross，ICRC）和世界自然保护联盟（International Union for Conservation of Nature and Natural Resources，IUCN）等都是属于国际非政府组织。可以说，国际非政府组织是除了国家及政府间国际组织以外的第三种主要的社会力量。非政府组织在国际事务中"参与的革命"真的已经悄然兴起。众多国际非政府组织先后获得"诺贝

---

① 王杰等主编：《全球治理中的国际非政府组织》，北京大学出版社 2004 年版，第 120 页。有的著作也将其称为"软实力"，如黄志雄主编《国际法视角下的非政府组织：趋势、影响与回应》，中国政法大学出版社 2012 年版，第 3 页。

尔和平奖",① 就足以看到国际非政府组织的影响力了。

(一) 国际非政府组织全球发展的特征

1. 数量一直处于增长过程中

虽然现代意义上的国际非政府组织的出现是在产生国家之后,但是国家出现之前,也有国际非政府组织的存在。如最早在国际社会产生重大影响力的罗马天主教会 (Roman Catholic Church)、1215 年教皇英诺森三世召集的第四次拉特兰会议 (Fourth Lateran Council) 不仅包括 400 个主教,而且还包括众多欧洲国家派来的使者。② 虽然国际非政府组织在发展的过程中遭遇过曲折,遭遇过政府间国际组织与国家的排斥,但是国际非政府组织的数量一直处于不断增长的过程中。根据国际协会联合会 (Union of International Association, UIA) 的统计,非政府组织的数量从 1909 年的 176 个增长到了 2012 年底的 57721 个,与同期相比,政府间国际组织 (International Governmental Organizations, IGOs) 的数量才 7679 个。③ 虽然这只是国际协会联合会对非政府组织总的数目的统计,但是也可以得出国际非政府组织的数量在不断增长的结论。

2. 分布的区域不断扩展

第一次世界大战之前国际非政府组织是随着欧洲国家的建立及经济的发展出现的,第一次世界大战之后慢慢向欧洲以外的区域蔓延,但是第二次世界大战之后,随着广大亚、非、拉国家的纷纷独立,国际非政府组织开始向第三世界国家扩展,随着冷战结束,意志形态对峙的终结,国际非政府组织进入了冷战期间的禁区,国际非政府组织开始遍布全世界。

3. 活动区域的范围、深度及能力不断扩展

在第一次世界大战之前,国际非政府组织是伴随着理想主义状态出现

---

① 先后获得诺贝尔和平奖的国际非政府组织有:"红十字国际委员会"(International Committee of the Red Cross, ICRC) 1917 年、1944 年及 1963 年先后三次获得该殊荣,"国际特赦组织"(Amnesty International) 1977 年获得,"普格瓦什关于科学和世界事务会议"(Pugwash Conferences On Science and World Affairs) 1995 年获得,"国际禁止地雷运动"(The International Campaign to Ban Landmines) 1997 年获得,"无国界医生"(Doctors Without Borders) 1999 年获得和"禁止化学武器组织"(Organization for the Prohibition of Chemical Weapons) 2013 年获得。

② Steve Charnovitz, "Two Centuries of Participation: NGOs and International Governance", 18 *Mich. J. Int'l L.*, (1996 – 1997) 191, p. 191.

③ 参见 http://www.uia.org/,最后访问日期为 2013 年 12 月 15 日。

的，其急于解决某种社会问题，但是对该问题所产生的原因并不深究，所以多为学术性及理想主义状态；在两次世界大战期间，主要体现在经济、劳工及救济领域；在冷战期间，多体现在人权、环境、妇女及发展领域；而在冷战结束之后，国际非政府组织开始进入人类活动的每一个领域，无论是从广度还是从深度，国际非政府组织都有了很大的发展。在建立之初，国际非政府组织主要是通过在国际会议内外发挥其作用，如今，国际非政府组织参与国际事务的能力及方式在不断增加，除了参加国际会议之外，参与政府间国际组织、举办非政府组织论坛、采取直接行动与政府直接对抗等也已经成了其参与国际事务的主要途径。

4. 内部组织不断成熟，外部联系不断增强

在国际非政府组织建立之后的很长一段时间里，其内部组织机构是不成熟及散乱的，如1997年，"国际禁止地雷运动"在领取诺贝尔和平奖的时候就因组织散乱而遭遇麻烦。即使到了现在，国际非政府组织因为其内部治理不成熟造成丑闻的事件也频频出现在报端，更不用说在其发展早期内部组织不成熟的程度了。虽然出现了这种现象，我们还是可以看出国际非政府组织的内部组织在不断成熟，都频繁地通过网站向公众公示其内部治理情况。在第二次世界大战之前，国际非政府组织之间的交流和联系都比较少，基本上处于各自为战的状态，但是如今，单个组织进行独立活动的现象比较少了，有很多大型的国际非政府组织将其他非政府组织纳为成员。

5. 国际法律地位正在逐步提高

除了国际非政府组织的作用及影响力进一步增强之外，其国际法律地位也有了进一步的提高。非政府组织是按照国内法注册成立的国内社会团体，其只能有国内地位，所以在第二次世界大战之前，国际非政府组织在国际法上没有任何的地位，即使与国际联盟有了短暂的联系后，其国际法律地位也没有任何提高。而随着第二次世界大战结束，联合国成立并获得国际法律地位之后，在其相关决议中正式确立了国际非政府组织的咨商地位，自此，国际非政府组织在国际社会上有了一定的地位。除了大量的政府间国际组织给予其咨商地位之外，像红十字国际委员会、马耳他秩序及国际奥林匹克委员会等都获得了联合国观察员资格。不仅某些全球性国际条约规定其能够享有该条约所规定的权利及承担义务，而且还在局部地区出现了专门的区域性国际条约对其进行界定，所有这些都是国际非政府组

织不断获得国际法律地位的表现。

（二）国际非政府组织全球发展的影响

冷战结束之后的国际非政府组织由于数量众多，其参与国际事务的能力有了前所未有的提高，所以其对国际社会的影响力也是空前提升，主要体现在对政府间国际组织、国家、跨国公司、国际非政府组织及国际法的影响上。

1. 对政府间国际组织的影响

在冷战结束之后，国际非政府组织被看作民意的代言人，是比政府更可信、更有权威的民众代表。① 所以政府间国际组织纷纷在原有的基础上加强与它们的联系，争取通过这种途径使自己更加透明及民主化。在联合国内部，在 1992 年里约环境与发展大会后，根据会议决议，包括国际金融和发展机构在内的联合国体系各机构，都被责成做出与国际非政府组织合作和联系的有关安排；马耳他秩序与红十字国际委员会在 1994 年被赋予了联合国观察员资格；联合国难民事务高级专员（UNHCR）自 1951 年与非政府组织建立亲密联系，仅在 2003 年，其就通过项目协议资助了538 个国内与国际非政府组织作为实施伙伴，大约占其年度预算的 19%；1995 年，世界银行设置了一个非政府组织委员会：国际非营利法国际中心（The International Center for Non – for – Profit Law），通过给成员国国内立法给予好的建议为非政府组织提供健康的环境；② 欧洲理事会把当前与非政府组织合作的模式分为两种：给予国际非政府组织参与地位，给予国内非政府组织成员资格地位。除此之外，政府间国际组织也通过以下几个方面承认国际非政府组织的作用：首先，在国际劳工组织中和国际标准化组织中赋予非政府组织正式投票权；其次，在国际环境条约中授予非政府组织各种形式的咨商权利，如在 1992 年后期签署的各种多边环境条约中及在早期的环境立法过程中非政府组织的参与；最后，在经济、金融和其他专业性政府间国际组织中有越来越多的非政府组织参与进来。

2. 对国家的影响

虽然国际非政府组织与国家不是属于同一位阶法律地位的行为体，但

---

① ［美］J. C. 费尔南多：《国家、市场和公民社会之间的非政府组织》，载何增科主编《公民社会与第三部门》，社会科学文献出版社 2000 年版，第 285 页。

② Draft World Bank Handbook on Good Practices for laws Relating to NGOs, p. 3.

是国际非政府组织可以通过自己的行为影响各国政府政策，如对卢旺达危机的国际行动就是在美国、法国、英国的国际非政府组织对各国政府的人道主义游说压力下采取的。[1] 非政府组织往往通过使公众知晓真相和向国内立法机构施加压力，直接或间接地对国内政府产生影响；政府有时会利用非政府组织将其立场传达给公众，政府部门也可能在与其他政府部门的关系中，借用非政府组织增加发言权。非政府组织经常为政府间组织的工作提供各个领域的专家意见和信息来源，同时又依赖后者提供重要的信息和见解以影响国内政府，并且在政府间组织与国内政府之间充当着不可或缺的沟通者。[2] 国家不但会利用国际非政府组织来实施行动，国际非政府组织也可以帮助国家度过财政危机，如1995年瑞典的30%、瑞士的29%及挪威的25%财政帮助来自非政府组织。[3]国际非政府组织还可以作为政府的正式代表参与国际会议，如太平洋岛国瑙鲁便是请两位环境保护组织的活动家为出席在伦敦举行的"防治废料倾倒国际会议"的代表。[4] 经济合作与发展组织（OECD）推动的《多边投资公约》谈判在1998年以失败告终，正是源于有关非政府组织在互联网上公布了处于保密状态的协定草案，并随后在互联网上发表联合声明，抨击该协定过度保护跨国公司利益而牺牲劳工权利、人权和发展，经济合作与发展组织成员国最终不得不宣布停止谈判。

3. 对跨国公司的影响。

随着经济全球化及一体化的迅猛发展，跨国公司也开始成为国际社会的重要行为体之一，也有学者开始讨论跨国公司的国际法律主体地位。跨国公司在推动经济发展的同时，势必会对环境造成一定的破坏，所以相应地出现了一系列国际非政府组织来监督跨国公司的行为，如成立于1996年的"公司观察"（Corporate Watch），其主要目标就是对大型公司特别是跨国公司的社会及环境影响进行研究。这一类国际非政府组织向跨国公司施加压力，要求它们做出改变忽视及破坏环境的行为。如"英国世界发

① Antonio Donini, "The Bureaucracy and Free Spirits: Stagnation and Innovation in the Relationship between the UN and NGOs", 16 *Third World*, (1995) 421, p. 432.

② E. B. Weiss, "The New International Legal System", N. Jasentuliyana (ed.), *Perspectives on International Law*, Kluwer Law International, 1995.

③ Anna - Karin Lindblom, *Non - Governmental Organizations in International Law*, Cambridge Press, 2005, p. 20.

④ 王逸舟：《国际政治中的"非政府组织"》，载《东方》1995年第5期，第63页。

展运动"（UK's World Development Movement）指责美国的矿业公司阿奇在印度尼西亚的采矿活动破坏了当地环境并且对当地民众产生了不利的社会影响；"地球之友"（Friends of the Earth）和"PENANG 消费者协会"指控一家日本公司的采矿活动污染了水路，并且最终胜诉。①

4. 对国际非政府组织的影响

冷战结束至今，国际非政府组织的发展遇到了前所未有的机遇。首先，越来越多的国家及政府间国际组织与国际非政府组织加强联系并且赋予其更多的权利，就有了更多参与国际事务的机会并且发挥出了更重要的作用，这对提高国际非政府组织的国际法律地位及国际影响力都是非常重要的；其次，科学技术的发展，使国际非政府组织参与国际事务的方式更加灵活，向外界发出声音的难度越来越低，这不仅有利于目标的顺利实现，而且有利于加强相互之间的联系。

5. 对国际法的影响

这一时期的国际非政府组织对于国际法影响的效果更加明显，主要表现在丰富国际法主体理论方面，虽然全球性及普遍性国际条约还没有正式赋予国际非政府组织以国际法主体地位，但是可以从大量的实例看出其已经具备了国际法主体的资格：促进国际条约的缔结与编纂，如国际禁止地雷运动与《渥太华禁雷公约》、集束弹药联盟与《集束弹药公约》的缔结；监督国际法的实施，如联合国人权委员会关于任意拘禁工作小组在1994 年处理的全部案件中，有 74% 的案件是由国际非政府组织报告的。②美伊战争爆发后，被美军捕获的伊军战俘和此前被捕的阿富汗塔利班武装分子一起被关进监狱，红十字国际委员会马上督促美国要遵守相关的国际人道法中有关战俘人道待遇的规定。2004 年 5 月，媒体频频揭露美军以非人道待遇对待战俘的报道，证明了国际人权组织有的担心不是多余的。③ 在国际争端解决领域，国际非政府组织已经越来越多地以直接当事人的身份或以"法庭之友"的身份参与到国际诉讼中来，如欧洲人权法院及美洲人权法院都设定了国际非政府组织直接起诉的资格；除此之外，

---

① 举例引自王杰等主编《全球治理中的国际非政府组织》，北京大学出版社 2004 年版，第161 页。

② 王杰等主编：《全球治理中的国际非政府组织》，北京大学出版社 2004 年版，第 202 页。

③ 刘超：《非政府组织的勃兴与国际法律秩序的变塑》，载《现代法学》2004 年第 4 期，第 118 页。

在一些国际司法机构中，国际非政府组织以"法庭之友"的身份进入国际司法诉讼程序的案例也越来越多了，如 WTO 争端解决机制。

（三）国际非政府组织全球发展的趋势

国际非政府组织已经出现在历史舞台一个多世纪之久，我们可以从其历史发展过程中看出其发展趋势。

1. 国际非政府组织的发展将继续前进

无论以后的世界环境如何变化，和平与发展将在很长的一段时间内成为世界的两大主题，所以国际非政府组织的数量还会继续增加。这是因为国际非政府组织的发展是随着国际社会的需要而逐渐增加的，世界上还有很多人类未知的区域，每当一个区域被人们所认知，就会带动相当数量的非政府组织出现，如现在对于国家管辖范围以外遗传资源，特别是海底资源的归属及可持续使用的领域就是一个新的领域，以后这样的新的未知区域会更多。另外，在和平时期，由于民主观念进一步普及，国际非政府组织将会处于不断的发展过程中。除了数量之外，国际非政府组织的作用及能力随着科学技术的发展，随着国际非政府组织之间交流的进一步加大也将会进一步增强。并且随着全球化进程的加速，全球问题的出现则使人们开始呼吁全球治理，国际非政府组织将被视为其中的一支重要的参与力量。

2. 国际非政府组织必将成为国际法主体

从 1949 年"联合国服务人员赔偿案"中可以看出，国际法的主体可以是不同的，并且法的主体的范围是随着社会的需要而不断增加的。从国际法主体范围的发展历程就可以看出这一规律，国际法的主体先后包括了文明国家、国家、政府间国际组织、正在争取独立的民族，如今，有的学者甚至已经承认了在一定限度内国际非政府组织和个人可以成为国际法的主体。目前已经有专门的区域性国际条约对国际非政府组织的国际法律地位进行明确的规定。当然，笔者并不是说时机成熟时所有的国际非政府组织都具备国际法律主体地位，当然也要有一定的条件限制及认证程序。但是国际非政府组织具备国际法主体地位将成为必然。

二　作为分析现代国际非政府组织治理框架的国际法治

联合国 2005 年各国首脑峰会给予了"国际法治"（international rule of

law）这一词语最为权威的来源。① 但是人们对"法治"这一词语却早已不陌生，正如易显河教授所说："很少有口号像法治一样如雷贯耳，很少有口号像法治这样引人注目。"② 虽然国内外对法治的研究由来已久，但是讨论大多局限于国内法治。对于国际法治，大量进入人们的研究视野是进入 21世纪之后。③ 在中国更是如此，通过"知网"进行查询，国内对国际法治进行研究的学者主要有车丕照教授、④ 邵沙平教授、⑤ 黄文艺教授、⑥ 何志鹏

---

① 在该次会议上，把法治分为了国内与国际两个层面上的法治。

② 易显河：《完美法治》，载《西安交通大学学报》2009 年第 5 期，第 1 页。

③ See David R. Andrews, "International Rule of Law Symposium: Introductory Essay", 25 *Berkeley J. Int'l Law*, (2007) 1, pp. 1 – 6; Simon Chesterman, "An International Rule of Law?", 56 *Am. J. Comp. L.*, (2008) 331, pp. 331 – 362; Jacob Katz Cogan, "Noncompliance and the International Rule of Law", 31 *Yale J. Int'l L.*, (2006) 189, pp. 189 – 210; Hans Corell, "The Visible College of International Law: 'Towards the Rule of Law in International Relations'", 95 *Am. Soc'y Int'l L. Proc.*, (2001) 362, pp. 362 – 270; Arthur T. Downey, "Deviations from the International Rule of Law: An Historical Footnote", 56 *Vill. L. Rev.*, (2011 – 2012) 455, pp. 455 – 474; Dennis Jacobs, "What is an International Rule of Law?", 30 *Harv. J. L. & Pub. Pol'y*, (2006 – 2007) 3, pp. 3 – 6; Palitha T. B. Kohona, "The International Rule of Law and the Role of the United Nations", 36 *Int'l L.*, (2002) 1131, pp. 1131 – 1144; Leila Nadya Sadat, "Take the Rule of (International) Law Seriously", 4 *Wash. U. Global Stud. L. Rev.*, (2005) 329, pp. 329 – 344; Jeremy Waldron, "The Rule of International Law", 30 *Harv. J. L. &Pub. Poly*, (2006 – 2007) 15, pp. 15 – 30; Walter H. White Jr, "Protecting and Advancing the International Rule of Law", 34 *Hum. Rts.*, (2007) 8, pp. 8 – 14.

④ 参见车丕照《国际法治初探》，载《清华法治论衡》第一辑，清华大学出版社 2000 年版，第 122—134 页；车丕照《法律全球化与国际法治》，载《清华法治论衡》第三辑，清华大学出版社 2002 年版，第 111—167 页；车丕照《我们可以期待怎样的国际法治？》，载《吉林大学社会科学学报》2009 年第 4 期，第 5—159 页。

⑤ 参见邵沙平、赵劲松《伊拉克战争对国际法治的冲击和影响》，载《法学论坛》2003 年第 3 期，第 5—10 页；邵沙平《论国际法治与中国法治的良性互动——从国际刑法变革的角度透视》，载《法学家》2004 年第 6 期，第 153—160 页；邵沙平、苏洁澈《加强和协调国际法治——国际法新趋势探析》，载《昆明理工大学学报》2009 年第 5 期，第 87—93 页；邵沙平《国际法治的新课题：国家控制跨国公司犯罪的权责探析》，载《暨南学报》（哲学社会科学版）2012 年第 10 期，第 57—67 页；等等。

⑥ 参见黄文艺《全球化时代的国际法治——以形式法治概念为基准的考察》，载《吉林大学社会科学学报》2009 年第 4 期，第 21—27 页。

教授。① 除此之外，中国的其他一些学者从不同的角度对国际法治进行了探讨。②

（一）国际法治的概念

虽然国内外对法治的探讨由来已久，但是对于法治却没有形成一个统一的概念，众多研究者都是从自己的研究角度给出了自己的理解。如富勒

---

① 参见何志鹏《国际法治：良法善治还是强权政治》，载《当代法学》2008 年第 2 期，第 55—62 页；何志鹏《超越国家间政治——主权人权关系的国际法治维度》，载《法律科学》2008 年第 6 期，第 17—24 页；何志鹏《国际法治：和谐世界的必由之路》，载《清华法学》2009 年第 1 期，第 42—54 页；何志鹏《国际法治视野内的习惯国际人道法》，载《东方法学》2009 年第 1 期，第 112—122 页；何志鹏《国际法治视野中的人权与主权》，载《武大国际法评论》2009 年第 1 期，第 130—167 页；何志鹏《国际法治：一个概念的界定》，载《政法论坛》2009 年第 4 期，第 63—81 页；何志鹏《国家观念的重塑与国际法治的可能》，载《吉林大学社会科学学报》2009 年第 4 期，第 14—20 页；何志鹏《国际法的遵行机制探究》，载《东方法学》2009 年第 5 期，第 28—41 页；何志鹏《全球制度的完善与国际法治的可能》，载《吉林大学社会科学学报》2010 年第 5 期，第 132—139 页；何志鹏《国际社会的法治路径》，载《法治研究》2010 年第 11 期，第 30—41 页；何志鹏《国际法治的中国立场》，载《武大国际法评论》2011 年第 2 期，第 1—24 页；何志鹏、孙璐《贸易公平与国际法治：WTO 多哈回合反思》，载《东方法学》2011 年第 2 期，第 62—74 页；何志鹏《从"和平与发展"到"和谐发展"——国际法价值观的演进与中国立场调适》，载《吉林大学社会科学学报》2011 年第 4 期，第 115—123 页；何志鹏《国际社会契约：法治世界的原点架构》，载《政法论坛》2012 年第 1 期，第 50—66 页；何志鹏、崔悦《国际人权法治：成就、问题与改进》，载《法治研究》2012 年第 3 期，第 3—16 页；何志鹏《国际法治何以必要——基于实践与理论的阐释》，载《当代法学》2014 年第 2 期，第 134—146 页。

② 参见戴春涛《浅论国际法治》，载《长春理工大学学报》（社会科学版）2012 年第 7 期，第 29—31 页；黄颖《国际社会组织化趋势下的国际法治》，载《昆明理工大学学报》（社会科学版）2009 年第 7 期，第 101—108 页；刘芳雄《国际法治与国际法院的强制管辖权》，载《求索》2006 年第 5 期，第 101—104 页；刘雪斌、蔡建芳《国际人权法治初探》，载《吉林大学社会科学学报》2011 年第 2 期，第 146—153 页；那力、杨楠《"国际法治"：一种手段而非一个目标》，载《东北师范大学学报》（哲学社会科学版）2012 年第 1 期，第 210—212 页；聂洪涛《国际法治建构中的主体问题初探》，载《社会科学家》2008 年第 8 期，第 71—75 页；邵沙平《论国际法治与中国法治的良性互动——从国际刑法变革的角度透视》，载《法学家》2004 年第 6 期，第 153—160 页；邢爱芬《和谐世界与国际法治》，载《环球经纬》2009 年第 2 期，第 94—96 页；邢爱芬《实现和谐世界的国际法治途径》，载《北京师范大学学报》（社会科学版）2007 年第 1 期，第 107—111 页；姚修杰《论国际法治的可裁判原则》，载《武汉大学学报》（哲学社会科学版）2012 年第 2 期，第 60—64 页。

从法治所体现的八项原则对法治进行阐述，即一般性原则、公布或公开原则、可预期原则、明确原则、无内在矛盾原则、可遵循性原则、稳定性原则和统一性原则。① 夏勇提出了法治的"十大规诫"，即有普遍的法律、法律为公众知晓、法律可预期、法律明确、法律无内在矛盾、法律可循、法律稳定、法律高于政府、司法权威和司法公正。② 而张文显则提出了法治社会的六项基本标志：社会生活的基本方面接受公正的法律的治理；宪法和法律高于任何个人、群体、正当的意志；国家的一切权利根源于法律并依法行使；公民在法律面前一律平等；凡是法律没有禁止的都是合法或准许的；公民权利非经法定程序不得剥夺。③ 而易显河则给出了完美法治的概念，认为法律的遵守不需要其他的原因，仅仅只是出于法律自身，即法律是自觉行为的根本动因。④ 谢晖通过把法治与人治进行比较得出法治的特征，即法治强调权自法出、法大于权、人从与法、法律至上。⑤ 有的学者将法治划分为形式法治和实质法治，并且分别进行界定和分析。⑥ 笔者认为法治既然是由两个词构成的，即"法"与"治"，所以在对法治这一概念进行界定的时候对这两个字都要兼顾，但是前述有的学者的阐述却或多或少对两个字没有兼顾，有的侧重于"法"，有的侧重于"治"。而笔者认为所谓法治就是良法善治，即接受良好的法律达到善治的一种状态。

　　车丕照教授把学者对国际法治持有的态度分为三类，即悲观派、乐观派与谨慎派。⑦ 悲观派认为在国际法不成体系的情况下去谈国际法治是不合时宜的，乐观派则高估了国际法治存在的状态，并已经开始勾画世界法

　　① 沈宗灵：《依法治国，建设社会主义法治国家》，载《中国法学》1999 年第 1 期，第 2 页。

　　② 参见夏勇《法治是什么——渊源、规诫与价值》，载《中国社会科学》1999 年第 4 期，第 117—143 页。

　　③ 张文显：《法学基本范畴研究》，中国政法大学出版社 1993 年版，第 289 页。

　　④ 易显河：《完美法治》，载《西安交通大学学报》（社会科学版）2009 年第 5 期，第 6 页。

　　⑤ 参见谢晖《法治讲演录》，广西师范大学出版社 2005 年版，第 79—86 页。

　　⑥ 参见高鸿钧《现代西方法治的冲突与整合》，载高鸿钧、何增科主编《清华法治论衡》（第一辑），清华大学出版社 2000 年版，第 2 页。

　　⑦ 参见车丕照《我们期待怎样的国际法治？》，载《吉林大学社会科学学报》2009 年第 4 期，第 5 页。

的蓝图,[①] 而以何志鹏教授为代表的谨慎派则把国际法治谨慎理解为国际法之治。和法治的概念一样,对于国际法治的概念也是众说纷纭,没有形成统一的认识。车丕照教授认为国际法治就是国际社会接受公正的法律治理的一种状态,并将国际法治的内在要求表述为:国际社会生活的基本方面接受公正的国际法的治理;国际法高于个别国家的意志;各国在国际法面前一律平等与各国的权利、自由和利益非经法律程序不得剥夺。[②] 杰里米·沃尔德伦(Jeremy Waldron)则认为在国际社会讨论法治不能是探讨存不存在国际法,或者什么是国际法,或者仅仅探讨某一特定条约的适用,国际社会的法治提示给我们的是一套与正当性相关的价值和原则体系。[③] 黄文艺教授则仍然坚持国际法治的形式法治概念,并概括为三项基本原则:法律的可预期原则、法律的普遍适用原则和法律的有效解决原则。[④] 而相对于黄文艺教授,何志鹏教授则坚持国际法治的实质法治概念,把国际法治的概念界定为:国际法治是指国际社会各行为体共同崇尚和遵从人本主义、和谐共存、持续发展的法律制度,并以此为基点和准绳,在跨越国家的层面上约束各自的行为、确立彼此的关系、确定各自的权利和义务、处理相关事务的模式与结构。[⑤] 并认为国际法治的内在要求为国际良法及全球善治。[⑥] 这种表述形式虽然与车丕照教授不尽相同,但二人都坚持将国际法治界定为实质法治,只有这样才能真正洞察国际法治的核心及内在要求。笔者也遵循前述对"法治"概念进行界定的思路,与何志鹏教授持同样的观点,即国际法治的概念应为国际社会接受良好法律达到善治的一种状态。本书也将在坚持对国际法治实质概念进行界定的背景下进行研究。

---

① 周永坤:《世界法及法的世界化探索》,载《东吴法学》1996 年号,第 2 页。

② 车丕照:《国际法治初探》,载高鸿钧、何增科主编《清华法治论衡》(第一辑),清华大学出版社 2000 年版,第 124 页;《法律全球化与国际法治》,载高鸿钧、何增科主编《清华法治论衡》(第三辑),清华大学出版社 2002 年版,第 139 页。

③ Jeremy Waldron, "The Rule of Law", 30 *Harvard Journal of Law and Public Policy*, (2006) 27, p. 29.

④ 参见黄文艺《全球化时代的国际法治——以形式法治概念为基准的考察》,载《吉林大学社会科学学报》2009 年第 4 期,第 22—23 页。

⑤ 何志鹏:《国际法治:一个概念的界定》,载《政法论坛》2009 年第 4 期,第 80 页。

⑥ 何志鹏:《国际法治:全球化时代的秩序构建》,载《吉林公安高等专科学校学报》2007 年第 1 期,第 7 页。

(二) 国际法治的内涵解读

1. 国际法治与国内法治存在着较大的区别

国内法治的环境为国内社会，而国际法治的环境为国际社会，虽然国际法治为国内法治向国际社会的一种自然延伸，但是两者存在着较大的区别。与完整而有效的国内社会相比，国际社会迄今为止仍然是无政府社会，并不像国内社会一样有一套上下等级的机构，在这种情况下，虽然无政府并不意味着无秩序，但是法律很难有效地得到实施。除此之外，在两者的实现方式上也存在着重要的差别，即国内法治主要是为了限制公共权力的滥用，而国际法治却是为了限制国际社会的某个成员滥用其优势。[①] 国际法治是约束国际法主体的法治，而国内法治是约束国内法主体的法治；国际法治是国际法主体之间的契约性法治，而国内法治却是一种对国内法主体的强制性法治。

2. 国际法治应该包含两种内在要求，即"国际良法"与"全球善治"

"国际良法"意味着对国际法律从内容到形式都有一系列的要求。从内容上来看，要求国际法律要与国际社会共同承认的价值标准相符，不许违背；从形式上来看，国际法律的表述要清晰流畅，不互相矛盾并自成体系。虽然国际法目前对于这样的要求还有一定的距离，但也恰恰表明这是国际社会的一项紧迫的任务。[②] 并且何志鹏教授认为若要达到国际良法的标准，国际法治的规范体系应该符合三个方面的要求，即人本主义、可持续发展与和谐共进。[③] 而"全球善治"则是对"法治"构成部分中"治"的正确解读。在国际法治中，"全球善治"意味着对原来的单一的国家之治进行反思与重构，而现在的治理则是多元化的与多维度的治理，何志鹏教授从法律的角度总结了全球善治应该包含几个方面的含义，即民主与公正的立法、国际社会的各行为体都严格地遵守国际法律所赋予的义务、专

---

① 参见车丕照《法律全球化与国际法治》，载高鸿钧、何增科主编《清华法治论衡》（第三辑），清华大学出版社 2002 年版，第 139 页。

② 参见何志鹏《国际法治：和谐世界的必由之路》，载《清华法学》2009 年第 1 期，第 49—50 页。

③ 参见何志鹏《国际法治：一个概念的界定》，载《政法论坛》2009 年第 4 期，第 74—75 页。

门的机构对国际社会各行为体的遵守法律的状态进行监督及由专门的司法机构对违法者进行处置及对国际争端进行解决,① 总之就是从国际立法、守法、司法与法律责任方面都有较高的标准实现。②

3. 国际法治目前为国际法之治

虽然当前国际法治最理想的目标应该是"国际之法治",即把法治原则适用于国际法的众主体之间,达到国际良法与全球善治的目标,但是目前,国际法治仍为国际法之治,即相信目前国际法的威力和约束力,按照现行国际法的规范行事。虽然目前国际法存在着这样或那样的问题,但还是要推动国际法在更深层次和程度上发挥作用。正如邵沙平教授所说:"国际法治,指约束国际法主体的法治,这种法治是建立在国际法基本原则基础上的法治,是国际法意义上的法治。"③

4. 国际法治为多元化法治

与国内法治不同,国际法治是一个多元化法治,体现为主体多样化,包括国家、国际组织、非政府组织和个人等,而不像张胜军所说的只有国家才是国际法治的主体,④ 所以其认为国际法治的主体仅仅为国家;国际法治的多元化还体现为客体多元化,包括传统安全问题、经济问题、文化问题、环境问题、人权问题、司法内务问题等;国际法治依据的多元性;国际法治模式的多元性等。⑤

5. 国际法治的实现将为长期的过程

国际法治的目标很高远,而国际法治所依附的国际法律秩序离"国际良法"的标准还有一定的距离,如国际法的弱法性、碎片化及不成体系等。善治也一样,也有诸多的缺陷,如国际司法机构的不民主及"自

---

① 参见何志鹏《国际法治:和谐世界的必由之路》,载《清华法学》2009 年第 1 期,第 51 页。

② 参见何志鹏《国际法治:全球化时代的秩序构建》,载《长春公安专科学校学报》2007 年第 1 期,第 7 页。

③ 邵沙平:《论国际法治与中国法治的良性互动——从国际刑法变革的角度透视》,载《法学家》2004 年第 6 期,第 157 页。

④ 张胜军认为:"国际法治是指作为国际社会基本成员的国家接受国际法的约束,并依据国际法处理彼此之间关系,维持国际秩序,公平解决国际争端的状态。"张胜军:《试论当代国际社会的法治基础》,载《国际论坛》2007 年第 2 期,第 2 页。

⑤ 参见何志鹏《国际法治:一个概念的界定》,载《政法论坛》2009 年第 4 期,第 63—81 页;《国际社会的法治路径》,载《法治研究》2010 年第 11 期,第 31 页。

愿管辖"性质等都是阻碍国际法治进行的障碍。但是，千里之行，始于足下，我们必须从现实出发脚踏实地地促进国际法治进程，何志鹏教授就从发挥知识分子地位与作用、对大国提出应当作遵守法律的楷模的要求提出为国际法治进程做出涓滴贡献。① 车丕照教授也认为在国际社会存在着进行国际法治的可能性，但是鉴于国际社会不像国内社会那样自上而下的推行法治，所以国际法治的实现必将是一个长期漫长的过程。② 国际法治需要国际社会各行为体强有力的推动才能实现。

三　国际非政府组织在国际法治进程中的角色分析

（一）国际非政府组织在国际法治进程中的角色定位

如前所述，国际法治是多元化法治，其中最主要的体现就是主体多元化。这样说并不是要动摇国家在国际法治中所起到的中流砥柱的作用，但是也要充分认识到国际非政府组织在国际法治的进程中所起到的作用。何志鹏教授在其文章中通过以下方面来总结非政府组织在参与国际法治中所发挥的作用和影响：对特定的问题进行研究与教育，进行专门知识和信息的传播，特别提供和宣传非政府组织的观点与思想；从事运作型的发展项目；通过倡议、游说等方式向政府鼓励在社区水平上的政治参与反映公民关心的问题；对政府和政府间国际组织的政策和行为进行监督，影响国家行为和认同、帮助监督和执行国际协议；在紧急状况下进行人道主义救援。③ 车丕照教授也从国际人权、贸易、环境等领域指出了非政府组织在法律全球化的过程中所起的推动作用。④ 另外，目前国际法治指的只能是国际法之治，而国际非政府组织对形成国际法

---

①　参见何志鹏《国际法治：良法善治还是强权政治》，载《当代法学》2008 年第 2 期，第 62 页。

②　参见车丕照《国际法治初探》，载高鸿钧、何增科主编《清华法治论衡》（第一辑），清华大学出版社 2000 年版，第 133—134 页。

③　何志鹏：《国际法治：一个概念的界定》，载《政法论坛》2009 年第 4 期，第 68—69 页。

④　参见车丕照《法律全球化与国际法治》，载高鸿钧、何增科主编《清华法治论衡》（第三辑），清华大学出版社 2002 年版，第 156 页。

的过程中起到了不可小觑的作用，而传统上只把国家作为国际法的唯一主体的时代已经过去，有很多专业学者认为国际法主体的范围必将随着社会的发展需要而逐渐增加，如安娜·卡琳·林德布洛姆（Anna - Karin Lindblom）首先肯定了国家是国际法的首要主体，但是也要注意到非国家行为体在国际法中所起的作用，国家可以赋予其国际法律主体地位，并且大量存在的条约、判例及国际组织的决议都为国际非政府组织的国际法主体地位的确立提供了相关信息。① 笔者也坚持此观点，在不动摇国家作为国际法首要主体的情况下，在一定限度内要赋予特定国际非政府组织的国际法主体地位。② 在国际人权法、国际环境法、国际贸易法、国际和平与安全法等领域有大量的实证证明国际非政府组织积极地参与到其中来，并有大量的论文和著作对此现象进行了论述。③ 所以，国际非政府组织不仅仅作为国际法治的参与者，而且还是国际法治的促进者。如果只认为国际法治只是国家之间的法治，完全忽视国际非政府组织的角色和力量，肯定是狭隘和形而上学的。

（二）国际非政府组织参与和促进国际良法的形成

良法要求民主立法，即建立在充分的知悉和表达意见的机会基础上的

---

① Anna - Karin Lindblom, *Non - Governmental Organizations in International Law*, Cambridge Press, 2005, p. 513.

② 详细论述参见刘海江《国际非政府组织国际法规制研究》，法律出版社 2013 年版。

③ 可参见鄂晓梅《国际非政府组织对国际法的影响》，载《政法论坛》2001 年第 3 期，第 122—126 页；鄂晓梅《NGO 和 WTO：国际非政府组织对国际贸易规则的影响》，载《武大国际法评论》2010 年第 2 期，第 371—391 页；黄志雄《非政府组织：国际法律秩序中的第三种力量》，载《法学研究》2003 年第 4 期，第 122—131 页；王秀梅《国际非政府组织与国际法之"跨国立法"》，载《河南省政法管理干部学院学报》2006 年第 4 期，第 202—207 页；赵海峰、李晶珠《非政府组织与国际刑事法院》，载《当代法学》2007 年第 5 期，第 27—33 页；Cenap Cakmak, "Civil Society Actors in International Law and World Politics：Definition, Conceptual Framework, Problems", 6 *Int'l J. Civ. Soc'y L.*, (2008) 7, pp. 7 - 35；Steve Charnovitz, "Nongovernmental Organizations and International Law", 100 *The American Journal of International Law*, (2006) 348, pp. 348 - 372；Marcia E. Greenberg, "NGO Participation in International Law and its Processes：An Eastern European Case Study", 95 *Am. Soc'y Int'l. Proc*, (2001) 300, pp. 300 - 305；Zoe Pearson, "Non - Governmental Organizations and the International Criminal Court：Changing Landscapes of International Law", 39 *Cornell Int'l L. J.*, (2006) 243, pp. 243 - 284.

立法；要求立法符合形式价值，即公开、透明、明确。① 而在国际良法的形成过程中，国际非政府组织确实起到了这样的作用。具体来说，国际非政府组织在国际良法形成过程中做出的实质性贡献主要包括：第一，造势。国际非政府组织通过参加国际法议题的谈判为某一国际规则的形成造势，在谈判的过程中，国际非政府组织从议题的准备到游说都通过它们的数量、它们的多样性和有技巧地与国家合作的策略表现出了对该国际议题的重视程度。第二，提供信息。国际非政府组织在参与国际法的制定过程中赢得了可靠与专业信息来源的名声，② 国际非政府组织通常会向政府代表提供未知的真实的信息和评估，这就大大节省了政府的成本，国家的代表和联合国的官员在谈判的过程中都开始越来越期待和依赖来自国际非政府组织在其专业领域内给出的信息，同时，国际非政府组织的这种活动大大增加了可选择议题的范围。第三，使更多的公众知晓信息。在国际法议题谈判的过程中，国际非政府组织往往会通过创办报纸、通知媒体、发布评论和论文的方式向公众公开谈判的活动和进展。第四，游说。国际非政府组织的代表往往会积极游说国家代表，使他们接受某种条件，以助于结果的达成，甚至有时候他们会作为国家代表出现。我们可以得出这样一个毫不夸张的结论，如果没有非政府组织的积极参与，近些年来的这些重要的法律文书将不会见到光亮。接下来，可以用大量的实例表明国际非政府组织在国际良法的形成过程中担当的角色和发挥的作用。

1. 国际人权立法

在国际人权法领域比较活跃的国际非政府组织主要有国际特赦组织（Amnesty International）、人权观察（Human Rights Watch）、国际人权联合会（International Federation of Human Rights）、无国界医生（Doctors Without Borders）、保护人权反奴役协会（Anti – Slavery Society for the Protection of Human Rights）、国际拯救儿童联盟（International Save the Children Alliance）等，他们积极地参与国际人权立法的准备、提出议题、进行起草条约文本等阶段及提供专业意见。我们主要是通过具体的案例来见证一下国际非政府组织对国际人权及人道主义立法的作用。

---

① 何志鹏：《国际法治：良法善治还是强权政治》，载《当代法学》2008 年第 2 期，第 61 页。

② Zoe Pearson, "Non – Governmental Organizations and the International Criminal Court: Changing Landscapes of International Law", 39 *Cornell Int'l L. J.*, (2006) 243, p. 272.

案例一　国际特赦组织与《禁止酷刑公约》

国际特赦组织于 1961 年在伦敦由一名英国律师成立，其宗旨是"动员国际舆论，促使国际机构保障人权宣言中提出的言论和宗教自由"。其座右铭是"与其诅咒无边黑暗，不如点亮蜡烛一支"。其主要是通过法律救援、紧急救援、医护救援及财政救援等手段提供和支持国际性人权保护运动，并且通过发行多种刊物的形式向外界宣扬自己的行动。

国际特赦组织自 1966 年从希腊传出种种有关左翼分子受到酷刑的报道开始关注酷刑问题。并且由此开始举行各种行动以期引起国际社会对于酷刑问题的广泛关注。如在 1972 年，其借助《世界人权宣言》发表 24 周年之际，成立了一个专门负责酷刑问题的工作小组；1974 年发起了一个名为"百万人签名"的活动，呼吁联合国秘书长宣布对犯人实行酷刑属违法行为；1973 年 12 月，国际特赦组织在其首次发表的《酷刑报告》中列出了 61 个存在酷刑的国家名单；1975—1976 年，国际特赦组织以乌拉圭及阿根廷的 500 名受害者的名义，向国际社会发起了 116 次"紧急救援行动"。[①] 通过以上行动，反酷刑意识逐渐被国际社会所接受，大大受到了国际社会的广泛关注。在 1975 年的联合国预防犯罪大会上，联合国非正式的反酷刑工作小组会议召开并允许了在联合国享受咨商地位并与反酷刑有关的国际非政府组织参加，国际特赦组织被正式邀请参与《禁止酷刑公约》草案的起草工作。1977 年，由国际特赦组织、国际法学家委员会及国际法律联合会共同起草的《禁止酷刑公约》草案被提交给联合国大会讨论。经过 1979—1984 年的连续讨论，联合国大会未经投票于 1984 年被联合国人权委员会正式采纳。1984 年 12 月 10 日，联合国大会通过了第 39/46 号决议，正式通过了《禁止酷刑公约》，并于 1987 年 6 月 26 日正式生效。国际特赦组织在《禁止酷刑公约》的形成和缔结过程中起到的重要作用得到了许多国家和人权专家的称赞，就像美国学者 Ann Marie Clark 所说的那样"在整个反酷刑标准的形成过程中，国际特赦组织就像一个机车头一样，没有国际特赦组织的努力就没有联合国《禁止酷刑公约》的形成"[②]。

---

① 李俊义：《非政府间国际组织的国际法律地位研究》，华东政法大学 2010 年博士学位论文，第 146 页。

② See Ann Marie Clark, *Diplomacy of Conscience Amnesty International and Changing Human Rights Norms*, Princeton University Press, 2001, p. 68.

2. 国际环境立法

关注环境类的国际非政府组织凭借其公益性、专业性、群众性强、活动机制灵活、信息灵通等特点，20 世纪 70 年代以来在环境教育、信息收集、推动国际环境治理合作和创新国际管理制度方面发挥了不可替代的积极作用，逐渐成为环境意识的倡导者和宣传者、环境信息的提供者、国际环境机制的积极推动者、环境正义的维护者、全球环保人士的联系纽带和桥梁及制度创新者。① 先后出现的比较著名的环境类国际非政府组织主要有鸟类国际（Birdlife International）、绿色和平组织（Greenpeace International）、世界自然保护联盟（International Union for Conservation of Nature and Natural Resources）、世界自然基金（World Wide Fund for Nature）等。

案例二　世界自然保护联盟与《濒危野生动植物种国际贸易公约》

《濒危野生动植物种国际贸易公约》是目前国际环境法领域非常重要的国际条约，在保护野生动植物方面发挥着重要的作用，世界自然保护联盟等国际非政府组织对该公约的形成和发展起到了非常重要的作用。

世界自然保护联盟早就关注到了野生生物物种减少的问题，并在1960 年召开的第七届大会上呼吁各国政府采取措施限制野生生物的进出口。1963 年，世界自然保护联盟在内罗毕召开会议讨论濒危野生动植物的国际贸易问题并通过一项决议，要求国家通过一项国际条约来控制和规范野生动植物的国际贸易问题，通过这种方式来达到对野生动植物进行保护的目的。1964 年，世界自然保护联盟起草了公约文本的初稿，并且在1966 年的大会上对公约的文本进行修改。世界自然保护联盟自 1967 年开始向国家及公众散发公约的文本并且咨询意见，随即就有 39 个国家和 18个国际非政府组织反馈了意见。1969 年世界自然保护联盟在德里举行会议，拟定了一份需要在国际贸易中加以控制的野生动植物种名单。1971年美国表示愿意组织一次国际会议来讨论这一问题，最终 21 个国家在华盛顿签署了《濒危野生动植物种国际贸易条约》，并于 1975 年 7 月 1 日该公约正式生效，目前，该公约已经有了 160 多个缔约国。② 此外，国际自然保护联盟在公约生效后，通过成立分析中心及设定分支机构的方式，积

---

① 参见王杰等主编《全球治理中的国际非政府组织》，北京大学出版社 2004 年版，第310—316 页。

② 李俊义：《非政府间国际组织的国际法律地位研究》，华东政法大学 2010 年博士学位论文，第 167 页。

极搜集濒危物种的资料信息并提供给有关组织，如在 2002 年缔约国会议上通过的有关象牙贸易的协定就是参考了该组织提供的相关信息所做出的；同年 7 月，世界自然保护联盟发表了题为《濒危野生动植物种国际贸易公约在鲨鱼类养护和管理中的作用》的研究报告，呼吁将鲨鱼列入公约的附录表，最终缔约国同意将鲸鲨及暖鲸列入附录表 2。由此可见，国际非政府组织在该公约形成与发展的过程中起到了非常重要的作用，其扮演的角色为议题发动者、宣传者、游说者、公约文本起草者、信息资料搜集者等，总之，在该公约的拟定、缔结、生效及执行过程中国际非政府组织全面深入地参与其中。

3. 国际和平与安全立法

关注国际和平与安全立法的国际非政府组织通过新闻媒体报道、游说政府、参与政府间国际组织的会议、提供建议和咨询及采取过激行为等方式宣扬国际和平与安全理念，作为缓解社会紧张的缓冲器。

案例三　集束弹药联盟与《集束弹药公约》

集束弹药由于其独特的爆炸力及杀伤力被作为一种当代战争频繁采用的武器，但是战争中遗留的哑弹给平民的生活造成了极大的威胁。从 20 世纪 80 年代到 90 年代前期，一些非政府组织开始密切关注集束弹药带来的危害。进入 21 世纪后，2002 年的阿富汗战争及 2003 年的伊拉克战争中集束弹药的广泛应用更是对平民的生活造成了极大的破坏。在 20 世纪末成功推动《渥太华禁雷公约》的"国际禁止地雷运动"的一部分非政府组织开始关注集束弹药问题，并成立了一个国际非政府组织联盟：集束弹药联盟（Cluster Munitions Coalition）。从 2004 年底开始集束弹药联盟就通过在全球范围内向公众宣传集束弹药的危害、游说各国政府及参加国际会议等方法强调应当通过停止使用集束弹药来解决其对平民的伤害，开始正式启动《集束弹药公约》的缔结过程。其在行为过程中，与大批国家及政府间国际组织建立了良好的合作关系，使有关国家和政府间国际组织的立场日趋一致，这成为禁止集束弹药的国际运动取得成功的一个关键因素。不但如此，集束弹药联盟还不断对其他国家进行宣传、动员和影响，并且在对谈判过程中持观望态度的国家公开加以严厉批评和指责。在对《集束弹药公约》的缔结发挥至关重要作用的奥斯陆谈判进程中，以集束弹药联盟为代表的国际非政府组织成为该进程的重要发起者、坚定捍卫者及主要参加者。最终在 2008 年 5 月 30 日，107 个国家在爱尔兰首都都柏林通过了《集束弹药公约》草案，该公约于 2010 年 8 月 1 日正式生效。可以看出，正如集束弹药联盟在 2008 年都柏林会议之后宣称的那样："集束弹药联盟对于达成这一新条约发挥出了关键作用。如果没有我们的参与，公约不可能出现。谈判进程迈出的每一步，集束弹药联盟都对谈判结果产生了影响。"①

（三）国际非政府组织参与与促进全球善治的达成

全球善治的观念来自全球治理。全球治理委员会在 1995 年的《我们的全球善邻关系》研究报告中指出，"治理是各种公共的或私人的个人及机构管理共同事务的诸多方式的总和。它是一个使相互冲突的或不同利益得以调和并采取合作行动的持续的过程。它既包括那些有权迫使人们服从的正式机构与机制，也包括那些人们和机构已经同意的或认为将符合其利益的各种非正式的安排"②。全球治理的主体理论与传统的国际政治理论有明显的不同，更多地强调其多元性和多样性。全球治理委员会的报告明显指出："在全球层次上，治理一直被视为一种政府间的关系，但是现在它必须被理解为也包括非政府组织、公民运动、跨国公司以及全球资本市场，它们均与影响力急剧扩大的全球大众媒体相互作用。"③ 所以国际治理的主体已经从原来传统的"国家中心论"转变为"多中心论"。有的学者将非政府组织作为次国家行为体，与超国家及国家行为体一道组成一个网络结构，共同参与全球治理。④国际非政府组织正在越来越多地参与到国际治理中。史蒂夫·夏诺维茨（Steve Charnovitz）把国际非政府组织参与全球治理分为 7 个历史阶段，分别为 1775—1918 年的出现（emergence）阶段、1919—1934 年的参与（engagement）阶段、1935—1944 年的脱离（disengagement）阶段、1945—1949 年的正规化（formalization）

---

① 参见黄志雄《国际法视角下的非政府组织：趋势、影响与回应》，中国政法大学出版社 2012 年版，第 146—175 页。

② Commission on Global Governance, *Our Global Neighbourhood*, Oxford University Press, 1995, p. 2, 该报告的中文译本翻译为《天涯若比邻——全球治理委员会的报告》（赵仲强、李正凌译），中国对外翻译出版公司 1995 年版。

③ See Commission on Global Governance, *Our Global Neighbourhood*, Oxford University Press, 1995, pp. 2 – 3.

④ 王杰等主编：《全球治理中的国际非政府组织》，北京大学出版社 2004 年版，第 90 页。

阶段、1950—1971 年的低成就（underachievement）阶段、1972—1991 年的激烈化（intensification）阶段及 1992 年至今的强化（empowerment）阶段。[1]而全球善治，从司法的层面上看，是要求司法机关具有权威性，要求司法程序体现公正与效率；从法律监督的层面上看，国际司法应当体现出国家的监督和其他组织机构的监督。[2] 而国际非政府组织正是通过参与国际司法程序促进国际司法公正及对国际法律的实施进行监督达到参与和促进全球善治目的的。

1. 国际非政府组织与国际司法

由于国际非政府组织不具备国际法主体地位，所以从理论上讲其不能参与国际司法机构的诉讼程序，但是从国际法的本身结构来看，似乎没有任何先天因素来阻止国际非政府组织作为国际法庭诉讼程序的参与方。而事实上，国际非政府组织也确实通过各种途径参与了国际司法程序。

首先，以当事方身份（locus standi）参与诉讼。绝大多数的国际司法机构都将向其提起诉讼的当事方限制为国家，如《国际法院规约》的第 34 条明确规定国际法院行使诉讼管辖权的对象只能是国家。也就是说个人及其他团体是没有资格向国际法院提起诉讼的。但是近三十年来，无论是在制度构建还是在实践方面，国际非政府组织以当事方身份参与国际司法机构的行为都有了很迅速的发展，尤其是在人权领域。如在国际法院 1992 年的"核武器咨询意见"（Nuclear Weapons Advisory Opinion）中这一制度得到了破冰，虽然最初由三个国际非政府组织[3]鼓动世界银行向国际法院就同一事项要求咨询意见的时候被拒绝，国际法院最后仍然坚持由联合国大会提起咨询意见要求，但是就该咨询意见的获得却不能忽视国际非政府组织的作用。正如法官 Oda 所总结的那样："1994 年联合国大会就核武器使用问题而提起的咨询意见请求给我一个印象就是该主意是由一些

---

① Steve Charnovitz, "Two Centuries of Participation: NGOs and International Governance", 18 *Mich. J. Int'l L.*, (1996 – 1997) 183, p.190.

② 何志鹏：《国际法治：良法善治还是强权政治》，载《当代法学》2008 年第 2 期，第 61 页。

③ 这三个国际非政府组织为：The International Physicians for the Prevention of Nuclear War, The International Peace Bureau and The International Association of Lawyers Against Nuclear Arms.

非政府组织提及的。"① 在联合国的准司法机构，如在 1966 年设置的为监督成员国履行《公民权利和政治权利公约》的人权委员会，虽然在其议定书中并没有明文规定公约中规定的权利遭到侵犯时，非政府组织有向人权委员会提交书面陈述的权利，但是在实践中有很多非政府组织作为个人的合法代理人向人权委员会提起出面申述的实例，即只要国际非政府组织能够提供确切的证据证明其为受害人的代理人，其就可以行使该项权利。在区域司法机构，欧洲人权法院、欧洲法院、非洲及美洲的相关人权法院及委员会近年来都为非政府组织作为当事方参与到诉讼中来提供了法律依据和制度设计。

其次，以法庭之友（amicus curiae）身份进入。法庭之友通常是指在案件审理过程中，案件当事人以外的人通过提交书面报告或者参加庭审的方式，对法院存有疑问的事实或法律问题提出见解，法院予以采纳后有助于案件的审理。在国际司法机构中，国际非政府组织担任法庭之友的最多。除了区域性的司法机构有相应的非政府组织作为法庭之友的制度设计之外，大部分国际司法机构还是没有相关制度设计的，但是在司法实践中却存在着这样的案例。在国际法院，虽然从《国际法院规约》第 66 条第 2 款②的规定可以看出，其并没有包括国际非政府组织，只把提供法庭之友的主体限定为国家和政府间国际组织。虽然后来对该问题的态度有所松动，但是对于国际非政府组织的开放仍然是非正式的。③ 在世界贸易组织（以下简称 WTO）争端解决机构，虽然在 WTO 争端解决机制的有关规定中，并没有关于法庭之友的专门规定，但 WTO 争端解决机构却把法庭之友制度行使得最好，从最初的"美国修订汽油标准案"和"荷尔蒙案"被动接受法庭之友，到"美国禁止某些虾与虾制品"案做出态度的转变，后来的"英国钢铁公司补贴案"

① *Legality of the Use by a State of Nuclear Weapons in Arms Conflict*, Dissenting Opinion of Judge Oda, ICJ Reports, 1996, pp. 335 – 336.

② 《国际法院规约》第 66 条第 2 款规定："书记官应以特别且直接的方法通知法院，对认为就所咨询的问题能提供情报之有权在法院出庭的任何国家或国际团体，声明法院与院长所定之期限内准备接受关于该问题之书面陈述，或准备与该案公开审讯时听取口头陈述。"由本条可以看出，国际法院是接受法庭之友的。

③ 参见赵海峰、高立忠《论国际司法程序中的法庭之友制度》，载《比较法研究》2007 年第 3 期，第 69 页。

"欧共体石棉案""巴西限制从欧盟进口翻新轮胎案"及"欧盟糖出口补贴案"中都有国际非政府组织作为法庭之友的实践。此外在区域司法机构，法庭之友制度实践更加灵活，欧洲法院在其规约的第40条规定，如果正在审理的案件影响到国家、个人或社会团体利益，其就可以进入诉讼中来。虽然进入法庭的主要目的是保护跟案件有利害关系的第三者的利益，但是还是与法庭之友制度有一定的相似之处。可以说，当国际非政府组织的法律地位、经济利益或自由权利会受到法庭审判结果的影响时，其会被允许作为法庭之友干预诉讼程序。① 欧洲人权法院在1981年的 Young，James 和 Webster 诉英国一案中，法院对于工会联盟就该案提出作为法庭之友的请求采取了一种间接接受的态度，即要求工会联盟先将其书面报告提交欧洲人权委员会，该委员会如果认为其书面报告适当就可以转交给法院。结果在法庭审理过程中，法院不但在判决中考虑了工会联盟的书面报告内容，而且还允许其参加口头诉讼程序。该案成为欧洲人权法院接受法庭之友的转折点，因为该案之后法院修改了程序规则，允许国家、组织和个人向法庭提交书面评论。这一条款被修改后的《欧洲人权公约》第11号议定书所采纳："为了公正司法的目的，法院可邀请诉讼当事方以外的任何缔约国或申诉人之外的任何有关人员提交书面意见或者参加庭审。"这就为国际非政府组织以法庭之友的身份参与诉讼提供了法律依据。美洲人权法院是适用法庭之友制度最多及最完善的国际司法机构，这主要是因为该司法机构的建立较晚，其从一开始就借鉴了其他国际司法机构适用法庭之友制度的经验。虽然其相关的法律文件中也没有对法庭之友问题做出明确的规定，但是该制度在美洲人权法院的咨询和审判职能方面都发挥着重要的作用。正如前法院主席托马斯·伯根特尔（Thomas Buergenthal）在其书中解释法庭程序的第34条时说："法庭，应在当事方或者委员会的成员的请求下，或者自动决定听取证人、专家或者其他实体就有关案件的陈述和说明。"② 美洲人权法院不仅在诉讼案件中允许法庭之友提交书面摘要成为惯例，而且还允许其参加口头程序。一些国际非政府组织已经成为欧洲人权法

---

① 潘林君：《非政府组织在国际诉讼中的地位》，载《现代商业》2010年第35期，第275页。

② 同上。

院的经常性的法庭之友，如国际特赦组织、国际人权律师委员会及国际法学委员会等。①

　　最后，以发起公益诉讼（actio popularis）的方式进入国际诉讼。虽然有些国际及区域司法机构赋予了国际非政府组织一定的诉讼主体资格，但是对于其以发动公益诉讼的身份进入国际诉讼程序的规定还是相当匮乏。就目前存在的国际司法机构及区域性司法机构的法律规定和判例法来看，公益诉讼还是有其存在的影子的，尤其是非政府组织作为公益诉讼的提起主体。如在国际司法诉讼程序中，与公益诉讼最相关的要数法庭之友制度。非政府组织作为法庭之友向法院提供与案件有关的事实、信息及证据，有时该法庭之友是为了诉讼当事方的利益而提供相关信息，但是有时法庭之友是为了人类的共同利益，如国际法院在由国际非政府组织发起的1992 年的"核武器咨询意见"（Nuclear Weapons Advisory Opinion）的案例中，三个国际非政府组织就代表了平民的利益，寻求国际和平与安全，不得不说这是一种公共利益。再如 WTO 争端解决机构中国际非政府组织作为法庭之友，也有很多是代表了公共利益，如在"美国禁止某些虾与虾制品"案中，有关国际环境非政府组织向专家组提交法庭之友意见书是为了保护濒临灭绝的野生动物，也可以说是代表了"公共利益"。在区域司法机构，《非洲人权与民族权宪章》是第一个规定了"满意环境权"（the right to a satisfactory environment）的人权条约，这就更为非政府组织提起公益诉讼提供了条件。如在 SERAC 和 Nigeria 案中，社会和经济权利活动中心（Social and Economic Rights Action Center，SERAC）及经济和社会权利中心（The Centre for Economic and Social Right，CESR）两个非政府组织诉尼日利亚政府由于采取不正当行动使奥格尼地区（Ogoniland）遭受严重的石油污染，从而违反了《非洲人权与民族权宪章》第 16 条及第 24 条规定的健康权及健康环境权。在此案件中，两个非政府组织就是代表了公共利益，为奥格尼地区的环境污染、人们居住环境遭受损害及该地区的生物多样化遭受破坏而提起了诉讼。非洲委员会不但决定受理该案件，而且还在 2001 年认定尼日利亚政府的行为违反了《非洲人权与民族权宪章》第 2、3、14、16、18（1）、21 及 24 条的规定，并做出了要求

---

　　① 详细论述参见刘海江《国际非政府组织国际法规制研究》，法律出版社 2013 年版，第128—134 页。

尼日利亚政府立即停止侵害及充分赔偿受害人等的决定。① 由此案件可以看出，公益诉讼可以起到约束国家行为、保护人们自身利益及保护环境等公共利益的作用。除此之外，非政府组织提起公益之诉还有利于公正判决的达成及国际法治的顺利实施。目前，无论是规定较为严格的国际性司法机构，还是规定较为宽松的区域性司法机构对公益诉讼还是没有打开大门，但是不能忽视非政府组织提起公益诉讼这种现象的存在及其存在的必要性。

2. 国际非政府组织与国际法的监督和实施

国际非政府组织凭借其独立于国家、政府间国际组织的特点及代表"世界的良心"等先天优势在国际法的监督及实施领域起到非常重要的作用。他们通过游说、舆论影响及向公众公开国家实施国际法的状况等途径向国家施压来促进国际法的实施。如 1985 年，绿色和平组织的旗舰"彩虹勇士号"开赴法属南太平洋穆鲁罗瓦岛抗议法国在该岛进行的核试验，在同年 7 月 10 日晚被法国特工炸沉，造成震惊世界的"彩虹勇士号案"，该案件就反映出绿色和平组织这一国际非政府组织在促使法国遵守有关国际条约，维护国际社会和平方面的勇气；又如对于 1973 年《濒危野生动植物种国际贸易公约》的实施，一批非政府组织也起到了非常重要的作用，他们通过调查取证、收集资料信息等方式来掌握全世界野生动植物的贸易状况，并且向公约的有关机构做出报告。并且，在 1989 年以世界自然保护联盟为首的国际非政府组织在调查研究的基础上认为应该将非洲象从公约的附录二名单中上升到附录一名单中加以特别保护，该建议遭到了公约秘书处和一部分国家的极力反对。这些国际非政府组织利用自身作为该公约观察员的身份进入大会议程，并且成功地向大会和各成员国提出了一份"独立法律意见"。最终该法律意见影响到国家的态度，在最后表决时以多数票通过了将非洲象从附录二升到附录一的决议。② 又如国际人权公约设置的各类机构在审查各缔约国履行公约情况时，大量国际非政府组织通过提供大量的信息来帮助机构得出结论。除此之外，一些关注人权的国际非政府组织也会通过揭露及抗议等行为来向不遵守国际义务的国家施压。

---

① 参见 http://www.serac.org/，最后访问日期为 2013 年 12 月 17 日。
② 参见王曦编著《国际环境法》，法律出版社 1998 年版，第 130 页。

本 章 小 结

　　如果在国际法治视野内探讨国际非政府组织的问责，首先要弄清楚这三个关键词之间的逻辑关系，只有国际非政府组织在国际法治的进程中发挥着积极作用，才有必要讨论其问责性危机。所以本章主要是对本书题目中的两个关键词"国际法治"与"国际非政府组织"进行了探讨，首先要对国际法治的概念进行界定并对其内涵进行解读，证明在国际社会有国际法治存在的可行性与必要性，并且得出国际法治就是国际社会接受并遵守公正法律达到完善治理的一种状态。国际法治向我们呈现出了一种美好而理想的状态，而目前的国际社会还远远不能达到这一目标，所以目前的国际法治只能是国际法之治，就是用目前实然存在的国际法的状态对国际社会进行治理。虽然目前的国际法还呈现出弱法、不成体系及碎片化的状态，但是我们仍然要怀着积极的态度去看待这个问题，实现国际法治美好而理想的状态必将是漫长而艰难的。国际法治是一种多元化法治，仍然坚持国家是国际法唯一主体，或者坚持国际法治就是国家间法治，那就对国际法治的内涵产生了误解，国际法治目标的实现要由多种行为体的参与才能达成。而国际非政府组织就进入了国际法治研究的视野，在不动摇国家主导地位的基础上，要承认对国际非政府组织作为国际法治参与者和促进者的角色定位，所以本章的另一个目的就是用大量的事实来证明国际非政府组织在全球的发展及影响，并一直参与国际法治的进程。那么接下来的研究就顺理成章了，国际非政府组织的问责性危机势必已经对国际非政府组织参与和促进国际法治产生了障碍，所以才有必要研究国际非政府组织的问责。

第二章

国际法治视野内国际非政府组织
问责机制基本理论探讨

一　问责的定义

虽然"问责"（accountability）进入中国公众视野的时间并不长，但是其并不是研究领域内的新名词了。该词从字面意义上看，有"负责""追究责任""说清楚"等意思，中国香港地区把其翻译为"问责"。自20世纪80年代以来，"问责"一词开始风靡全球，政府与企业首当其冲成为被问责的对象。而非政府组织作为"纯洁的天使"始终扮演问责主体角色，免于被问责。但是自20世纪90年代以来，这种情况开始发生很大的变化，非政府组织开始从问责主体向问责对象转变，并且这种趋势愈演愈烈。众多研究者纷纷开始从自己的领域与角度出发探讨非政府组织的问责。

对于问责的定义，国内外的研究者还没有形成统一的认识。例如《韦氏字典》（*Merriam – Webster dictionary*）把问责定义为负责的质量或者状态，同时指的是接受责任或者为某人的行为负责的义务与意愿。世界银行在探讨"问责"的概念时认为，问责就是一个过程，在这一过程中包含两个行为体，就是"问责主体"和"问责对象"，问责对象要让问责主体知晓自己的行为、信念与结果，并且按照问责主体的评估接受相应的奖励或者惩罚。[①] 世界共同信托组织（One World Trust）在其全球责任项目中，对问责做了如下定义："问责是一种程序，在该程序中，有关组织根据自己的承诺平衡利益相关人（stakeholders）所做出的决策行为和有关

---

① Dratf Handbook on Good Practices for Laws Relating to NGOs, p. 3.

陈述等的需要。"① 雨果·斯利姆（Hugo Slim）认为非政府组织的问责是一个过程，非政府组织在这个过程中公开其信念、作为和所不为，向所有的相关方展示并进行负责，而且要积极地对其所了解到的进行回应。② 戴纳·布雷克曼·瑞瑟（Dana Brakman Reiser）和克莱尔·R. 凯利（Claire R. Kelly）认为非政府组织的问责为"使命问责"（mission accountaboility），即非政府组织必须忠诚地实现其使命。③ 杰姆·本德尔（Jem Bendell）提出了民主问责的概念，组织所做出的决定都应该对受这些决定影响的人负责。④ 澳大利亚国际发展委员会认为非政府组织的问责是指组织在制定程序、活动和处理对承诺的违反时所做出的应对和平衡利益相关者需要的承诺。⑤ 博茨瓦纳非政府组织委员会认为非政府组织应强调其承诺：不但就其行为和决定对捐赠者和政府负责，也要对项目受益者和职员负责；对从捐赠者、政府、成员、其他合作者组织获得的进行活动的财务资源负责。⑥《非政府组织参与阿富汗人道主义救助、重建和发展行为准则》中这样强调问责的定义："为了管理我们的账户，我们发展和保持可行的财务政策、审计和系统。我们遵守宪法、法律和阿富汗政府的规章制度，并且在必要的时候游说政策进行变化。我们在与募集、使用和保管资金有关的所有事项中是可以信任的和诚实的。我们保持可行的财务、会计、采购、运输和行政体系，保证根据相关既定目的使用资源。"⑦ 加拿大国际合作委员会认为问责应指加拿大国际合作委员及其成员组织应就其

---

① See Monica Blagescu, lucy de Las Casas and Robert Lloyd, *Pathways to Accountability*, The GAP Framework, One World Trust, 2005, pp. 2 – 4.

② Hugo Slim, *By What Authority? The Legitimacy and Accountability of Non – governmental Organizations*, http：//www. gdrc. org/ngo/accountability/by – what – authority. html，最后访问日期为 2013 年 12 月 30 日。

③ Dana Brakman Reiser and Claire R. Kelly, "Linking NGO Accountability and the Legitimacy of Global Governance", 36 *Brook. J. Int'l.*, (2010 – 2011) 1011, p. 1022.

④ Jem Bendell, *Debating NGO Accountability*, UN Non – Governmental Liaison (NGLS), 2006, http：//www. un – ngls. org/ orf/ pdf/ NGO_ Accountability. pdf，最后访问日期为 2014 年 1 月 1 日。

⑤《澳大利亚国际发展委员会联合应对贫困行为准则》，刘海江编译《非政府组织行为准则译汇》，中国政法大学出版社 2014 年版，第 18 页。

⑥《博茨瓦纳非政府组织委员会行为准则》，刘海江编译《非政府组织行为准则译汇》，中国政法大学出版社 2014 年版，第 52 页。

⑦《非政府组织参与阿富汗人道主义救助、重建和发展行为准则》，刘海江编译《非政府组织行为准则译汇》，中国政法大学出版社 2014 年版，第 60 页。

为国际发展做出的贡献和对资源的占有为对其国际合作者、职员、捐赠者、加拿大民众及相互之间负责。①

虽然上述概念的具体描述各有不同，但是从其表述的概念中我们还是能够看出其中所包含的共同因素。那就是问责主体、问责对象、问责内容、问责方式及问责目的。所以，笔者认为如果对问责进行简单的定义，则应为问责对象为了实现其应该实现的目的，以恰当的方式就自身的行为和决定对问责主体负责。

二　国际法治视野内国际非政府组织问责内涵的解读

根据前述进行分析，在国际法治视野内按照上述因素可以把国际非政府组织问责的概念分别表述为：问责主体为各利益相关者；问责对象为国际非政府组织；问责内容为国际非政府组织的行为及决定；问责方式为公开透明的多种方式；而问责的目的为使国际非政府组织在国际法治进程中起到参与者与促进者的作用。国际非政府组织的问责在国际法治视野内被赋予了独特的内涵。

（一）国际非政府组织的问责是一个处于不断发展的概念

国际非政府组织的问责是一个不断发展的概念，其发展经历了从无到有、从简单到深入的过程。20 世纪 80 年代，问责才进入人们的研究视野，人们把问责的对象主要集中到政府和企业，那个时候研究者并没有把非政府组织的问责纳入研究范围之内，相反非政府组织凭借其纯洁的关注公益的身份作为问责主体而出现。而中国公众接触"问责"一词是在 2003 年的 SARS 事件，两名中国政府部级官员由于问责被免职，此后虽然有研究者研究非营利组织的问责，但是对于国际非政府组织的问责却鲜有问津。国外研究者也是直到 21 世纪初，才开始从国际法和国际治理的角度对非政府组织的问责进行探讨。

对国际非政府组织问责的研究也经历了一个由浅入深的过程。20 世

———————

① 《加拿大国际合作委员会道德准则和行为标准》，刘海江编译《非政府组织行为准则译汇》，中国政法大学出版社 2014 年版，第 68 页。

纪90年代，图西族的非政府组织卢旺达爱国战线（Ruwandan Patriotic Front，RPT）与胡图族的政府军之间发生武装冲突，造成震惊世界的"卢旺达大屠杀"事件，招致公众对该事件中非政府组织行为不利的批评。国外学者和机构对于非政府组织问责的探讨主要集中在"执行力问责"（performance accountability），该种探讨主要针对国际非政府组织究竟做了什么进行问责。这种讨论带来的最直接的后果就是众多国际非政府组织制定行为准则（code of conduct）来约束自己的行为，如《援助组织良好行为准则》《红十字国际委员会、红新月及其他非政府组织参与灾难救助的行为准则》《透明国际秘书处行为准则》等。① 进入21世纪以来，非政府组织就开始意识到不仅仅要对他们所做的负责，而且还要对其所说的负责，也就开始了对非政府组织"声音问责"（voice accountability）的探讨，主要关注非政府组织所说内容的真实性和为什么有权利这样说。对该种问责探讨的白热化事件是"Gita Sahgal 被国际特赦组织免职事件"。② 除此之外，也有学者注意到了国际非政府组织与国际治理之间的关系，其认识到国际非政府组织作为国际治理的"管理者"（regulator），传统意义上的国内法对非政府组织的使命问责（mission accountability）、组织问责（organizational accountability）与财务问责（financial accountability）存在缺陷，亟须在国际法层面上对国际非政府组织的问责进行约束。③ 而埃里克·B. 布卢梅尔（Erik B. Bluemel）分析了非政府组织在国际治理中起到的促进政策形成、行使管理责任和实施职能等作用后，认为有必要对其问责进行约束。④ 虽然目前还没有见到在国际法治视野内探讨国际非政府组织问责的文献面世，但是鉴于国际非政府组织在国际法治进程中所发挥的出色作用，该问题的探讨必将陆续展开。

不仅如此，国内外的学者不仅仅对国际非政府组织的问责概念进行深入的探讨，而且对在国际层面上国际非政府组织问责的机制也有所涉及，

---

① 参见刘海江编译《非政府组织行为准则译汇》，中国政法大学出版社2014年版。

② See Diana Hortsch, "The Paradox of Partnership：Amnesty International, Responsible Advocacy, and NGO Accountabilty", 42 *Columbia Human Rights Law Review*, （2010）119, pp. 119 – 155.

③ See Dana Brakman Reiser and Claire R. Kelly, "Linking NGO Accountability and the Legitimacy of Global Governance", 36 *Brook. J. Int'l L.*, （2010 – 2011）1011, pp. 1011 – 1073.

④ See Erik B. Bluemel, "Overcoming NGO Accountability Concerns in International Governance", 31 *Brook. J. Int'l L.*, （2005 – 2006）139, pp. 139 – 206.

如戴纳·布雷克曼·瑞瑟（Dana Brakman Reiser）和克莱尔·R. 凯利（Claire R. Kelly）认为国际组织是在国际法领域弥补非政府组织问责缺陷的"守门人"（gatekeeper），并且分别列举了联合国、世界卫生组织、世界银行等政府间国际组织对国际非政府组织的问责构建所起到的作用。[①]除此之外，也出现了对通过签署自愿性行为准则（code of conduct）的方式对国际非政府组织进行问责的探讨。[②]

（二）问责对象为国际非政府组织

国际非政府组织的概念可以界定为依照国内法建立、由来自不同国家不同性质的成员组成、按照一定的宗旨并怀有公益性目的、有组织性并且独立解决各种国际性社会问题的非营利性组织。通过阅读大量的文献得知，众多研究者并没有严格区分国内非政府组织和国际非政府组织，有时他们所研究的非政府组织同时包括国内非政府组织和国际非政府组织。但是本书却做出了明显的区别，即把那些不具备国际性的单纯的国内非政府组织排除在本书研究范围之外。所以，按照这个定义，本书所要研究的国际非政府组织应该具备以下特征。

1. 国际性

限定国际非政府组织的国际性，是区别国内非政府组织的首要标准。《国际公法大百科全书》中把国际非政府组织的国际性限定为当国际非政府组织的成员资格或活动范围局限在一国境内时，该组织就为国内的非政府组织，反之就是国际非政府组织。[③] 联合国经济和社会理事会（以下简称"经社理事会"）在 1968 年第 1296 号决议中对非政府组织的国际性是这样界定的：一个国际非政府组织必须具有代表性并具有被承认的国际地位；组织目标必须符合《联合国宪章》的精神、宗旨、目标及必须能代表不同国家和地区的一大批人们。可以看出，经社理事会是从国际地位、活动宗旨目标及代表性来限定国际性。而国际协会联合会（Union of Inter-

---

①　See Dana Brakman Reiser and Claire R. Kelly，"Linking NGO Accountability and the Legitimacy of Global Governance"，36 *Brook. J. Int'l L.*，（2010 – 2011）1011，pp. 1011 – 1073.

②　Ingrid Rossi，*NGOs in Internatioanal Law：Has Regulation Come to a Halt?*，Institute for International Law Working Paper，No. 123，February，2008，p. 15.

③　彭忠波：《非政府国际组织的法律人格探析》，载《武大国际法评论》（第六卷），武汉大学出版社 2007 年版，第 133 页。

national Associations，UIA）在其出版的《国际组织年鉴 1996—1997》中界定了国际非政府组织的构成要件，包括：该组织的宗旨具有国际性质并意图在至少三个国家开展活动；其有完全投票权的个人或集体成员至少来自三个国家；有固定的总部及基本文件；不以营利为目的，其预算主要来源不应少于三个国家。[①] 该定义主要是从涉及国家的数目来判定国际性。而欧洲理事会 1986 年《关于承认国际非政府间组织的法律人格的欧洲公约》中第 1 条把国际性界定为非营利目标的国际性及活动影响范围在两个国家以上。[②] 综上所述，笔者认为其国际性主要应该从以下几个方面加以限定：（1）组织目的的跨国性，即一个国际非政府组织所要达到的目的具有跨国性，如对世界上某一物种进行保护；（2）活动范围的跨国性，这就要求国际非政府组织在两个或者两个以上国家从事其活动；（3）资金的使用具备跨国性，这个标准的限定应该不是指资金的来源具备跨国性，因为在实践中有很多国内非政府组织接受外来资金，但只是在国内开展工作，所以强调资金被用于两个或两个以上国家；（4）组织成员的国际性，此标准是指国际非政府组织的成员要来自两个或两个以上国家。那么来判定一个非政府组织是否为国际非政府组织时，以上四个标准是否需要同时具备？笔者认为不应该对其限定的这么严格，如果那样肯定将有很多非政府组织被排除在国际非政府组织的范围之外，所以判定其是否为国际非政府组织，只要看其是否具备上述四个条件之一即可。但是又必须清楚地认识到，在当前的研究背景下，国内和国际非政府组织的界限越来越模糊了。

2. 非政府性与独立性

强调国际非政府组织的非政府性必须与其独立性联系在一起。国际非政府组织的非政府性首先是指按照 1952 年经社理事会在其 288（X）号决议中将非政府组织定义为"凡不是根据政府间协议建立的国际组织都可被看作为非政府组织"，认为国际非政府组织的成员主要是个人或者私营部门等，而不是政府，此性质也是区别国际非政府组织与政府间国际组织（IGO）的主要标准。虽然在实践中，有很多国际非政府组织也有国家

―――――――――――

① UIA：Yearbook of International Organization（1996/1997），pp. 1684 - 1685，http：//www. uia. org/ybio/，最后访问日期为 2014 年 1 月 10 日。

② http：//www. conventions. coe. int/Treaty/en/Treaties/Html/124. htm，最后访问日期为 2013 年 12 月 28 日。

作为成员，其非政府性要求国际非政府组织既不隶属于政府，也不隶属于市场，在组织形式、权力行使及行为方式方面都与国家和市场有很大的区别。但是国际非政府组织在活动过程中不可避免地与国家发生关系，如接受政府的资助或者与政府进行合作等，如美国约翰·霍普金斯政策研究所在对美、英、法、德、日、意、瑞典及匈牙利八个国家的非政府组织进行比较研究后发现，居然没有一个发达国家的非政府组织的主导型收入是来自私人捐赠，在他们的收入中有41%来自政府。① 在一些发达国家，政府补贴和拨款已经成为非政府组织收入的主要来源，如德国非政府组织收入的68%来自政府，法国占60%。② 除此之外，很多国家的非政府组织也是国家从事某种行为的一种渠道。所以国际非政府组织的这种与政府的联系性所派生来的性质就是独立性，这就要求国际非政府组织在运行过程中要独立于政府，要具备独立的价值导向、独立的人事、财政及章程等，不要因为"吃人嘴短"受制于政府。因为坚守自身独立性是国际非政府组织合法生存的首要前提。③ 实际上在实践中有一些国际非政府组织为了避免丧失独立性，对政府的资助就格外谨慎，甚至杜绝，如国际特赦组织对来自政府的资助就格外谨慎。除了独立于政府之外，国际非政府组织也要独立于其他组织，如跨国公司等，因为在实践中，国际非政府组织为了满足日益增长的需要不断接受来自跨国公司的资助，如1991年世界自然基金就接受了来自两大石油公司雪佛龙和埃克森各5万美元的资助。④ 这就要求国际非政府组织在保持独立性方面要非常小心。

3. 组织性

所谓组织性，就意味着一套内部规章制度的设立，有明确的角色与任务的分配，有职权等级体系，以保证使每个成员的行为与组织目标相符合；有交往体系，即体现不同成员之间的相互从属关系；有目标准则，用

---

① ［美］莱斯特·萨拉蒙：《非营利部门的兴起》，载何增科主编《公民社会与第三部门》，社会科学文献出版社2000年版，第263页。

② 郭国庆：《现代非营利组织研究》，首都师范大学出版社2001年版，第84页。

③ 徐莹：《残缺的独立性：国际非政府组织首要结构性困难解析》，载《世界经济政治与论坛》2008年第3期，第108页。

④ T. Princen and M. Finger, *Environmental NGOs in World Politics: Linking the Local to the Global*, Routledge, 1994, p. 70.

于评估和检查组织的成果以及组织中个体的活动成果。① 联合国经社理事会 1996 年第 31 号决议第 10 段对国际非政府组织的组织性如下规定："该组织应有确定的总部及执行干事，应有以民主方式通过的组织法，其副本应交存联合国秘书长，此项组织法应规定由会议、大会或其他代表机构决定政策及对决策机构负责的适当机制。"② 组织性是国际非政府组织能够承担自己所担负的公益使命、履行社会职责的保证，同时也能区别于在国际社会中存在的一些临时性的或者松散的国际性公民运动。如果国际非政府组织组织松散、内部体系不完整，就很难保证其活动的经常性及持续性，极容易在活动的过程中或活动完成后解散。大多数国际非政府组织都具备严密的组织性，这是一个组织能高效运作的必备条件。虽然在实践中，也有一些非政府组织在建立之初组织性松散，如国际禁止地雷运动及有些以从事具体项目为目标的非政府组织一旦任务完成，也就面临组织解散或者改头换面的风险了。对国际非政府组织的组织性要求一般规定在其注册所依据的国内法中，一般都要求非政府组织在提供的章程里面对自己的权力机关、执行机关及行政机关有明确的规定。

4. 合法性

国际非政府组织的另外一个非常重要的性质就是合法性。但是界定国际非政府组织的合法性是一个比较困难的事情，因为到目前为止国际社会上没有任何一部全球性及普遍性国际条约来对国际非政府组织的合法性加以规定。目前在国际法层面，有关国际非政府组织的合法性依据也许只存在于一些世界性政府间国际组织的章程里面，如联合国、世界银行、WTO 等。除了这些国际层面规定之外，对于国际非政府组织合法性的限定主要还是规定在各国的国内法里面，但是首先各国有关的立法良莠不齐，并且各国的立法有着差异性，在一国合法的组织可能在另一个国家就丧失了合法性，如在美国依法享有免税资格的非政府组织在英国就会被认为是一种非法逃税的行为。在一个国家被认为是合法的代表民众正义的非政府组织可能在另一个国家被认为是非法的恐怖主义组织，如在南非白人种族主义者举行隔离政策时期，一些反政府组织在国际上被认为是合法

---

① 李友梅：《组织行为学及决策分析》，上海大学出版社 2001 年版，第 7 页。

② 参见 http：//www. un. org/chinese/documents/ecosoc/1996/r1996—31. pdf，最后访问日期为 2014 年 1 月 10 日。

的，但是在国内就被认为是非法组织。所以这里的合法性，如果仅仅从法律的角度去判定可能是较复杂的，所以有的学者认为这种语境下的合法性可能更倾向于符合政治学中合法性的概念，因为"只有那些被一定范围内的人们内心所体现的权威和秩序，才具有政治学中所说的合法性"①。

5. 非营利性

非营利性组织是指不以营利为目的，即非政府组织不把募集的资金和赢取的利润分配给组织者及管理者。这里首先要辨明的两个概念是"非营利性"和"非赢利性"，这两个概念在这种语境里面是不能混用的，因为国际非政府组织的非营利性是指不向成员分配其利润，但是这并不表明其不赢利，其为了保证自身的运转，也会从事一些牟利性的行为，如国际标准化组织在其网站上出售其出版物、一些组织在其服务过程中收取一定的服务费用和其他费用等，都不是属于营利的行为。在英文文献里面，把其非营利性称作"non - profit - making"，但是翻译成汉语，有些研究者就没有完全弄清楚其中的一些区别。② 国际非政府组织的非营利性特征将其与跨国公司区别开来。联合国在 1989 年第 14. 70 号运作指令中明确了国际非政府组织"主要是为了促进人类合作和社会公益，而非以商业性任务为目标"③。欧洲理事会的《关于承认国际非政府间组织的法律人格的欧洲公约》第 1 条也明确规定，该公约约束下的国际非政府组织首先具备非营利性（non - profit - making）。④

除此之外，有些学者也从自己研究的角度分析了国际非政府组织应该具备的其他特征，如志愿性、非宗教性、非政治性及公益性等。⑤ 但是笔

---

① 参见王杰等主编《全球治理中的国际非政府组织》，北京大学出版社 2004 年版，第 28 页。

② 有的学者翻译为"非赢利性"，如饶戈平《论全球化进程的国际组织》，载《中国法学》2001 年第 6 期，第 130 页；翻译为"非营利性"，如姚宏敏《WTO 与非政府组织》，载《中国法学会世贸组织法研究会第二届年会论文汇编》，第 348 页。除此之外还有的学者将其翻译为"非盈利性"，如段鹏军《国际法视野下的非政府组织》，山东大学 2010 年硕士学位论文，第 5 页。

③ 联合国 1989 年第 14. 70 号运作指令：《使非政府组织参与世界银行支持的活动》，第 2 段。

④ http：//www. conventions. coe. int/Treaty/en/Treaties/Html/124. htm，最后访问日期为 2013 年 12 月 28 日。

⑤ 参见王杰等主编《全球治理中的国际非政府组织》，北京大学出版社 2004 年版，第 23—26 页。

者认为这些特征有的无须界定，如宗教类的国际非政府组织，只要其符合上述特征，其也算国际非政府组织范畴之内；而有的特征已经被上述特征所包含，如公益性及志愿性。总之，本书研究目的下的国际非政府组织首先应具备的特征主要有国际性、非政府性、独立性、组织性、合法性及非营利性。

（三）问责主体为各利益相关者

所谓利益相关者是指可以被组织行为影响或已经被影响到的个人和团体。① 《索马里非政府组织网络行为准则》规定利益相关者是受非政府组织部门的活动和项目影响和已被影响到的个人、组织或者社区，并且在这些活动中具有管理角色和发展利益。② 不同的机构和研究者从不同的角度出发，认为不同非政府组织的利益相关者有不同的范围，如戴维·布朗（L. David Brown）、迈克·摩尔（Mark Moore）认为从事救济和发展工作的非政府组织主要有四种最重要的利益相关者，分别为捐赠者、受益人、职员和合作者。③ 《国际非政府组织问责宪章》规定利益相关者包括：人们，包括后代，他们的权利是我们努力要保护和提高的；生态，其不能进行自我保护；我们的成员和支持者；我们的职员和志愿者；对财务、货物和服务做出贡献的组织；合作组织，包括和我们工作的政府和非政府组织；管理机构，我们的建立和运行需要他们的同意；我们意欲影响的政策、项目或行为；媒体和大众。④ 而在国际法治视野下讨论国际非政府组织的问责，利益相关者应该为在国际非政府组织进行活动的国际社区内的，可能或已经受到该组织行为的影响的所有相关者，按照类型主要分为受益者、捐赠者和合作者。而在国际法治进程中的所有行为体都可以担当

---

① 参见《澳大利亚国际发展委员会联合应对贫困行为准则》，刘海江编译《非政府组织行为准则译汇》，中国政法大学出版社 2014 年版，第 39 页。

② 参见《索马里非政府组织网络行为准则》，刘海江编译《非政府组织行为准则译汇》，中国政法大学出版社 2014 年版，第 121 页。

③ L. David Brown and Mark Moore, *Accountability*, *Strategy*, *and International Non – Governmental Organizations*, The Hauser Institute for Civil Society, http://www.hks.harvard.edu/var/ezp_ site/storage/fckeditor/file/pdfs/centers – programs/centers/hauser/publications/working_ papers/workingpaper_ 7.pdf，最后访问日期为 2014 年 1 月 15 日。

④ 参见《国际非政府组织问责宪章》，刘海江编译《非政府组织行为准则译汇》，中国政法大学出版社 2014 年版，第 231—232 页。

上述不同角色，如国家既可以作为捐赠者和合作者，其也是受益者，可见按照这个类型叙述将非常混乱，所以笔者拟对在国际法治进程中可能或已经被国际非政府组织的行为影响到的种类群体加以叙述，主要为国家、政府间国际组织、跨国公司、国际非政府组织和个人。

1. 国家

国家为什么要与国际非政府组织产生联系？国际非政府组织为什么要向国家问责？首先要考量的就是二者在国际法治进程中的关系。从国家的角度出发，传统的"政府失灵"（government failure）和"市场失灵"（market failure）曾经是非常流行的理论。在提供公共物品层面，私人企业因考虑到追求利润的最大化，其不愿意提供公共物品；而政府在提供公共物品的时候倾向于中位选民的偏好，这样造成的结果就是有一部分人对公共物品的需求得不到满足，所以非政府组织就在提供公共物品的领域应运产生，在政府不能提供或者不愿提供的领域发挥着积极作用。但是非政府组织由于其先天弱点及受到所处社会环境的限制，其又可能出现"志愿失灵"的现象，于是在一定程度上又反过来依附政府，可以说政府之所短正是非政府组织之所长，而非政府组织之所短正是政府之所长，所以两者的关系最常见的就是合作互助。国家会给予相关非政府组织以资金支持等来协助其更好地实现目标，而非政府组织也会帮助国家在其不愿、不能或效率不高的领域发挥作用。但是由于某些非政府组织的价值取向等因素与国家相悖，如反对贸易自由化及进行恐怖主义活动等，国家又有对其进行约束规制的必要，以维护国家的权威及国家的安全与稳定，所以国家又要对其管制。所以国家与国际非政府组织的关系十分复杂，总结两者的关系主要是体现在以下三个方面。

首先，互助合作关系。互助合作关系就是上述分析的由于"政府失灵"现象的存在，在政府不能、不愿及效率不高的领域，非政府组织是作为"替补"的身份存在的。而非政府组织也是非常乐意接受国家的委托，一方面，有利于实现自己的目标；另一方面，有利于提高自己的影响力。国家看到非政府组织发挥积极作用的同时，也更愿意把更多的领域交由非政府组织去做，这是因为非政府组织有着政府部门所无法比拟的优势：第一，非政府组织是来自民间的草根组织，其更贴近服务对象，对他们的需求会更加了解，这就能够根据具体情况灵活地做出反应。第二，非政府组织能够更好地整合社会资源，能够通过自己独特的社会功能影响社会而动员巨大的慈善捐赠及服务，更好地实现其目标。同时国家不仅在法律层面上，而且也在资金方面对非政府组织进行强有力的支持。如在1601年，英国就开始注重对非政府组织的立法，如《慈善法》，并且在1869年建立了全国性的慈善组织机构，即慈善组织协会，其目的就是为了协调慈善组织机构之间的关系，促进他们相互合作，以便最大限度地发挥积极作用；又如《美国政府联邦税法》第501条款，按照非政府组织的活动宗旨规定了25种可以享受联邦所得税豁免的组织。目前，发达国家对非政府组织的立法基本上比较完善，其目的就是为非政府组织和国际非政府组织在本国国内活动及发展提供较为宽松的法律和制度环境，更好地发挥作用。在提供资金支持方面，研究表明：国家每年都在加大力度，据美国约翰·霍布金斯大学在42个国家进行的非政府组织国际比较研究项目结果显示，非政府组织收入来源结构为：服务费用占49%，政府资助占40%，慈善所得占11%。[①] 由此可以看出政府资助在非政府组织收入来源中所占的比重。可以这样说，越是追求社会和谐发展的民主开明国家，其与非政府组织的合作与互补关系就越是双方关系的主流。与非政府组织成功的合作在利于国家改善其与国民之间的关系的同时，也给非政府组织带来福利，使其更有可能接近并使用国家资源。而国际非政府组织在某些时候反过来又可以帮助国家渡过难关。如1995年瑞典的30%，瑞士的29%及挪威的25%财政帮助来自非政府组织。在一些小的国家，由于缺失某一领域的人才，所以会委派非政府组织的成员作为政府代表参加国际会议，如在罗马会议期间，波斯尼亚及塞拉利昂等小国就委派非政府组织代表参加会议。总之，国家和国际非政府组织建立互助合作关系有坚实的理论和现实基础。当两者的宗旨目标大致相当的时候，两者之间存在和发展合作关系的概率更大。

其次，制约与管制关系。任何国家的国际非政府组织的发展都不是一帆风顺，发达国家目前对于非政府组织相对完善的制度也是经过政府对非政府组织的制约和怀疑的进程走过来的。如洛克菲勒基金在美国成立时，就受到国会议员的质疑，怀疑其是想转移财富，有避税之嫌。这是因为国家拥有主权，国际非政府组织在某一国家内活动，其务必要得到该国的同

---

① 贾西津：《国外NPO管理体制及其对中国的启示》，载《社会科学》2004年第4期，第48页。

意，国家可以在其领土和管辖范围之内行使最高的权利，其可以资助和支持非政府组织的发展，但是当非政府组织的价值取向与该国不相符之时，其又会制约非政府组织特别是国际非政府组织的活动。如在冷战时期，苏联是严格抵制来自西方发达国家的国际非政府组织的，因为这被视为帝国主义的入侵。也就是说，国家和国际非政府组织建立互助合作关系的前提条件是，这种关系对政府是有益的，至少不损害政府利益。而同时，由于国际非政府组织都是在某一国家按照该国的法律注册成立的，由于各国法律规定不一致，就会导致在一国合法注册的非政府组织在另一国行为的时候成为非法组织，如在美国享有合法免税的组织在英国就会被认为是逃税行为。当然经过实践证明，这种制约和管制是必需的，因为某些国际非政府组织的活动目标和宗旨确实是与人类的发展方向向左的，不对其加以管制和制约势必会影响到国家与社会的安全与发展。

最后，对立与各行其道。由于某些国际非政府组织的主要行为就是监督政府履行国际义务的状况，当某些国家没有履行其来自国际条约、国际惯例、强行法及软法的国际义务时，国际非政府组织就会将其公之于众，或者直接指责政府并制造国际舆论，特别是一些倡议型的国际非政府组织，对于目标国的人权政策及发展政策进行批评与谴责，当处于这种状态的时候，两者就处于对立之中，在对立严重的情况下，国家甚至会驱逐在本国境内活动的国际非政府组织。也有一些非政府组织在一国法律允许的范围之内，制定与自己能力相称的目标活动区域，在活动过程中尽量避免与政府发生关系，一般不接受政府的资助，不抵制也不迎合政府的工作。所以二者关系处于各行其道的状态，如中国对待外来的国际非政府组织就采取"三不政策，即不承认、不取缔、不干预"的态度"①。有的国家政府担心国际非政府组织的发展与壮大会影响国家权力的基础，甚至有的政府视国际非政府组织为敌。同时，由于某些国际非政府组织惧怕接受国家的资助之后会失去独立性，所以刻意地与国家保持距离。

2. 政府间国际组织

国际非政府组织自第一次世界大战后与国际联盟建立关系是其与政府间国际组织建立关系的一个标志，虽然两者的亲密关系只持续了很短的时

① 谢晓庆：《国际非政府组织在华三十年：历史、现状及应对》，载《东方法学》2011年第6期，第123页。

间，但一些国际非政府组织在国联中的表现异常活跃，如国际商会，其出席了 1927—1932 年国际联盟召开的 29 次正式会议，甚至还在 1928 年国际联盟的关于进出口限制会议上成为最终行动方案的缔约方。并且这些会议大多数是受国际联盟的主动邀请而参加的。① 两种国际组织大规模地、正式地建立密切联系还是始于《联合国宪章》第 71 条关于经社理事会与非政府组织建立咨商关系的法律规定，自此，众多政府间国际组织都开始关注与国际非政府组织建立密切联系，如世界银行于 1951 年决定与非政府组织建立咨商关系，并且在 1995 年，世界银行设置了一个非政府组织委员会——国际非营利法国际中心。② 欧洲理事会在 1951 年通过决议与非政府组织建立关系，并且在 1976 年通过新的决议更加明确了这种咨商关系，有的区域性政府间国际组织把这种咨商模式转换为参与模式，如美洲国家组织。实践表明，两种国际组织之间联系的密切程度处于不断增强的状态。通过两者建立关系的形式及内容，可以判定两者的关系性质既是合作性的，也是管制性的。

第一，合作性质。合作关系是两种国际组织建立密切联系的初衷。政府间国际组织与国际非政府组织各自具备对方不能具备的特点，双方也看重了对方的特性才开始建立合作。两种国际组织各自关注的领域与欲实现的目标有一定的重合性，再加上两者实现目标的着眼点及实现的途径不同，两者也就有了合作的必要。国际非政府组织凭借其独特的全球视野、专业能力及草根意识等软实力为政府间国际组织提供其所不具备的专业知识及信息，并帮助政府间国际组织实现其不能实现或实现效率不高的目标，如很多政府间国际组织就把工程转包给国际非政府组织去实现，前者利用后者作为传送物资和利用援助的渠道。而政府间国际组织又可以为国际非政府组织提供其实现目标的国际舞台，通过参与政府间国际组织的活动向国际社会传达自己的意愿和提高自身的影响力，再加上政府间国际组织可以为其提供资助，如联合国难民事务高级专员（UNHCR）自 1951 年与非政府组织建立亲密联系以来，仅在 2003 年，就通过项目协议资助了 538 个作为实施伙伴的国内与国际非政府组织，约占其年度预算的

---

① 王杰等主编：《全球治理中的国际非政府组织》，北京大学出版社 2004 年版，第 137 页。

② See Draft World Bank Handbook on Good Practices for Laws Relating to NGOs, p. 3.

19%。① 据一项统计，已有超过50%的人权非政府组织将政府或者政府间国际组织的财政支持作为其经费的重要来源。② 总之，两种国际组织都可以为国际社会行使提供信息、创设准则、建立规则、监督的职能，所以两者存在很大的合作空间。

　　第二，管制性质。两者之间存在的管制关系，是指政府间国际组织对国际非政府组织的管制。由于绝大多数国际非政府组织不具备国际法律地位，国家也不愿意通过缔结一部全球性、普遍性的国际条约来对其加以约束与管制。而政府间国际组织作为国家授权的国际法主体，在特殊的历史时期，也就担当起通过两者之间建立合作关系的便利对国际非政府组织进行管制约束的重任了。大多数政府间国际组织在其章程中设置与国际非政府组织的合作关系时，也设定一定的义务让符合条件的国际非政府组织去遵守，也就间接起到了管制约束的作用。如联合国撤销非政府组织的咨商地位的原因有：滥用权力、涉及刑事犯罪活动及三年内没有做出贡献，监督机构是非政府组织委员会（Council Committee of NGOs）；欧洲理事会对撤销非政府组织的咨商地位也做出了规定；③ 美洲间国家组织与公民社会组织建立的关系是参与性的，享有该地位的非政府组织有年度报告及类似的义务；④ 在非洲人权委员会享有观察员资格的非政府组织承担协商义务及每两年提交报告的义务。⑤

　　3. 跨国公司

　　从理论上看，国际非政府组织与跨国公司之间是没有交集的，因为国际非政府组织是以价值为取向的，其关注的是公益，而跨国公司是以利润为取向的，所以两者看起来是"水火不容"。但实际不然，在现实实践中，两者之间的共同点越来越多，如两者都作为非国家行为体（non - state actors）而存在；以人为本、可持续发展等是两者共同坚持的理念等。

---

　　① UNHCR, Global Report 2003, p. 103.

　　② 黄志雄主编：《国际法视角下的非政府组织：趋势、影响与回应》，中国政法大学出版社2012年版，第198页。

　　③ Committee of Ministers, Resolution (2003) 8, *Participatory Status for International Non - Governmental Organizations with the Council of Europe*, adopted on 19 November 2003, appendix, Para. 9.

　　④ CP/RES. 759 (1217/99), 15 December 1999, Para. 15.

　　⑤ *Resolution on the Criteria for Granting and Enjoying Observer Status to Non - Governmental Organizations Working in the Field of Human Rights with the African Commission on Human and Peoples' Rights*, adopted by the ACHPR at its 25th session, 26 April - 5 May 1999.

所以两者之间的关系也可以总结如下。

第一，对立与冲突。如前所述，由于两者之间的价值观不同，所以两者之间的关系最初表现为对立和冲突。许多国际非政府组织由于害怕与营利部门扯上关系，会影响到自身"濯清涟而不妖"的本质，所以不与跨国公司打交道，甚至不接受来自跨国公司的捐款，如在中国有分支机构的太平洋环境组织与绿色和平组织都不接受来自跨国公司的捐款。不仅如此，国际非政府组织还通过各种形式来表达对跨国公司的不满，成立于1996 年的公司观察（Corporate Watch）不仅不接受来自跨国公司的捐款，而且还在其网站上公布跨国公司对人类福祉带来的"罪行"，如该组织在1997 年发表了《壳牌———百年太长》的报告，历数了该跨国公司造成的环境破坏、侵犯人权等行为。① 此外，还有 1999 年西雅图会议的失败，我们也可以看出两者之间关系的紧张程度。

第二，协商与合作。近年来，随着"可持续发展"的理念越来越深入人心，跨国公司也认识到了自己在全球环境治理中的责任，所以我们也越来越多在从媒体上获知跨国公司参与公益事业的消息，如壳牌公司仅2001 年投入公益事业的费用就达 8500 万美元，这些款项中的很大一部分流向了国际非政府组织。而越来越多的国际非政府组织也认为，一味地与跨国公司进行对抗也解决不了问题，还不如通过对话与合作有效地解决问题，因此越来越多的国际非政府组织开始与跨国公司建立合作伙伴关系，开始接受跨国公司的捐款以实现自己的目标。

4. 国际非政府组织

国际非政府组织相互之间在参与国际法治、国际治理的过程中主要展现的是合作者的身份。大多国际非政府组织以伞式组织（umbrella organization）的形式出现，如巴勒斯坦非政府组织的伞式组织指的是巴勒斯坦慈善协会总工会、巴勒斯坦非政府组织网络、巴勒斯坦非政府组织国家研究所及巴勒斯坦加沙非政府组织总工会。除此之外，一些大名鼎鼎的国际非政府组织如红十字国际委员会、绿色和平组织、国际特赦组织等都是伞式组织。他们通过这种方式进行信息共享、互换良好实践及相互支持工作，达到自己的目标。很多国际非政府组织在相关章程文件中就注重与其他国际非政府组织的合作，如《世界非政府组织协会非政

---

① 参见公司观察网站 http://www.corporatewatch.org，最后访问日期为 2014 年 1 月 15 日。

府组织道德和行为准则》第 9 条第 2 款明确规定与其他非政府组织和公民社会组织的关系:①

（1）共同目标。在合适的时候，当对共同目标群体和实现共同目标有利的时候，非政府组织应该与有重叠使命、价值和目标群体的非政府组织和公民社会组织建立合作关系。

（2）竞争和服务重复。非政府组织应该禁止与其目标、价值和目标群体相重叠的非政府组织和公民社会组织进行竞争，并且应该禁止不必要的服务重复和干涉相互之间的计划。

（3）信息共享。非政府组织应该与其使命、价值、目标群体相重叠的非政府组织和公民社会组织共享相关信息，并且互相支持。

（4）支持其他非政府组织。在不影响到非政府组织整体性和价值的基础上，非政府组织应该与其他非政府组织的活动和行为保持团结，并且促进其他非政府组织的有效性和成功。

（5）网络状工作关系。非政府组织应该与其他道德非政府组织建立网络状工作关系，作为促进非政府组织部门成长、有效性和效率及实现社会公益能力的一种方式。

5. 个人

个人作为国际非政府组织活动的首要利益相关者和受益人，是非政府组织的工作重心和最终着眼点。

如《非政府组织参与阿富汗人道主义救济、重建和发展行为准则》中明确规定:②

我们的组织以人为中心:

（1）关注我们服务的人民:我们首要的忠诚、问责和责任指向我们服务的人民。我们的项目为应对人民的需要被设计和发展。

（2）自我依赖和所有权:我们帮助人民和社区解决他们自己的问题。我们鼓励和帮助自我依赖的发展和促进人民完全参与影响他们生活决定的权利。

（3）人权:我们努力的根据国际法尊重、保护和促进所有阿富汗人

---

① 《世界非政府组织协会非政府组织道德和行为准则》，刘海江编译《非政府组织行为准则汇》，中国政法大学出版社 2014 年版，第 300—301 页。

② 《非政府组织参与阿富汗人道主义救济、重建和发展行为准则》，刘海江编译《非政府组织行为准则汇》，中国政法大学出版社 2014 年版，第 59 页。

民人权和义务的实现。

（4）信任：我们努力创建我们服务社区的信任。

（5）参与和非歧视：我们尽最大可能地在我们目标社区涉及男人、女人、青年和儿童，使他们参与到项目和计划的形成、实施和评估。我们努力的保证在我们工作社区内所有边缘化群体的参与。

（6）尊重当地价值：我们尊重个人的尊严和身份，了解土著知识、文化、宗教信仰和价值。这并不意味着我们支持贬低任何个人或者群体人权的行为。

《埃塞俄比亚非政府组织行为准则》也做出了相似的规定：[①]

我们的组织应该以人为本：

（1）我们把我们的努力作为人们和社区通过自己解决他们问题的方式。我们鼓励和促进自我依赖的发展，并促进人们全面参与影响他们生活决定的权利。

（2）我们要尊重我们工作社区的目标和我们社区合作者为他们自己确定的优先权。

（3）我们应最大限度地使我们目标社区所有的男人、女人、年轻人和儿童参与进来，使他们为计划和项目的观念、实施和评估进行负责。

（4）我们应尊重土著知识、个人的尊严和身份、文化、信仰和价值目标。但是我们不会支持会伤害自然人或社区的传统实践。

（5）我们项目的设计会把人们的需要、环境和国家的福利考虑在内。

（6）我们的项目应该在平等实践和使所有相关的人参与的基础上进行计划、设计、实施、监督和评估。

（7）我们应遵守在我们组织和我们目标社区内部有效的分配资源原则。

（8）我们应尊重和坚持国际所承认的人权。

（四）问责内容主要为使命问责、组织问责、法律问责

由于国际非政府组织在参与国际法治的进程中要面对不同的利益相关者，再加上国际非政府组织的种类和数量都很多，所以不同学者和机构对

---

① 《埃塞俄比亚非政府组织行为准则》，刘海江编译《非政府组织行为准则译汇》，中国政法大学出版社 2014 年版，第 6 页。

国际非政府组织的问责内容都做出了不同的解读。李勇认为非政府组织的问责内容应该包括政治问责、法律问责和目标问责。① 戴纳·布雷克曼·瑞瑟（Dana Brakman Reiser）和克莱尔·R. 凯利（Claire R. Kelly）把国际非政府组织在参与国际治理时的问责分为使命问责、组织问责、财务问责。② 罗伯特·基欧汉、约瑟夫·奈（Robert O. Keohane and Joseph S. Nye）把问责分为了财务问责、市场问责、监督问责、法律问责、合伙问责、声望问责及垂直问责等。③ 埃里克·B. 布卢梅尔（Eric. B. Bluemel）根据非政府组织问责的目的把问责分为了三种类型，分别为目的问责、行为问责与结果问责。④ 戴安娜·豪奇（Diana Hortsch）把国际非政府组织的问责定义为"声音问责"（voice accountability），这种问责的实质是对国际非政府组织组织是否为受影响到的群体和个人发出声音？⑤ 肯尼思·安德森（Kenneth Anderson）把问责分为内部问责（internal accountability）和外部问责（external accountability）。⑥ 但是在国际法治视野内与在国内法视野内探讨国际非政府组织的问责有很大的不同，两者所处的法律环境与运作环境都有很大的差异，由于国际法治视野下国际非政府组织所关注的公益性更为宏观，各利益相关者更为复杂，所以笔者认为在这种情况下，国际非政府组织的问责主要应为使命问责、组织问责和法律问责。

1. 使命问责

作为国际非政府组织，其最终责任都是实现其使命。不同的国际非政

---

① 参见李勇《非政府组织问责研究》，载《中国非营利评论》2010 年第 1 期，第 62—69 页。

② See Dana Brakman Reiser and Claire R. Kelly, "Linking NGO Accountability and the Legitimacy of Global Governance", 36 *Brook. J. Int'l L.*, (2010 – 2011) 1011, pp. 1011 – 1073.

③ See Robert O. Keohane & Joseph S. Ny, *Democracy, Accountability and Global Governance*, Harvard Univ. Politics Research Group, working paper, No. 1 – 4, 2001, http：//www. ksg. harvard. edu/prg/nye/ggajune. pdf，最后访问日期为 2014 年 1 月 21 日。

④ Erik B. Bluemel, "Overcoming NGO Accountability Concerns in International Governance", 31 *Brook. J. Int'l L.*, (2005 – 2006) 139, p. 182.

⑤ Diana Hortsch, "The Paradox of Partnership：Amnesty International, Responsible Advococy, and NGO Accountabilty", 42 *Columbia Human Rights Law Review*, (2010) 119, p. 132.

⑥ See Kenneth Anderson, "'Accountability' as 'Legitimacy'：Global Governance, Global Civil Society and the United Nations", 36 *Brook. J. Int'l L.*, (2010 – 2011) 841, pp. 841 – 890.

府组织所要实现的使命不同，如关注世界和平及安全、环境恶化、生物多样化、消灭贫穷及人道主义救济等。这些使命以不同的形式表现出来，除了规定在国际非政府组织自身的一些合法文件中以外，还在其注册国国内法和相关国际条约中表现出来。国际非政府组织的使命问责要求国际非政府组织实现上述法律文件中所设定的使命，这就要求国际非政府组织的使命设定要符合一般法律要求和价值取向，如联合国经社理事会要求与自己建立咨商关系的国际非政府组织的目标和宗旨与联合国的目标与宗旨保持一致。

2. 组织问责

国际非政府组织的组织问责衡量非政府组织怎样全面地实现其治理。这就要求国际非政府组织财务及决策透明，行为方式效率透明，要求国际非政府组织运用书面的治理章程来设置组织和成员的构成、治理机构及其领导者的选任、年度会议的召开、财务的管理和审计、使用资源的程序和方法、人力资源的选任及培训、能力建设、年度报告、与外部机构建立合作关系、监督及惩处程序等，最终实现善治。

3. 法律问责

法律问责指的是由于国际非政府组织违反了法律义务和契约义务而承担的责任。如果在国际法治语境下讨论国际非政府组织的法律问责，则应为国际法律问责，但是在国际层面赋予国际非政府组织国际法律人格的国际法还没有真正出现，所以传统意义上讨论的法律问责主要是基于国内法律来进行探讨。截至目前，国际非政府组织还是主要依据国内法进行注册，但是囿于不同国家的国内法往往是不同的，所以在一个国家合法注册的国际非政府组织，也许在另外一个国家进行活动的时候就是非法的。所以在这种情况下，我们除了探讨国际非政府组织的国内法律问责之外，还要探讨国际非政府组织的国际法律问责。国际非政府组织基于法律或契约已经开始在国际法中获得一定的国际法律地位，如欧洲《关于承认国际非政府间组织的法律人格的欧洲公约》；联合国给予红十字国际委员会、国际奥委会等观察员地位；联合国经社理事会、世界银行等根据一定的条件赋予国际非政府组织咨商地位及国际非政府组织通过自愿的方式加入各种行为准则等，虽然这些事实还存在各种各样的缺点，但是不能否认其在国际非政府组织的法律问责中所起到的作用。

国际非政府组织的上述三种问责内容不是孤立的，而是相互影响、相互促进及相互转化的。如某一国际非政府组织按照法律的规定不会产生法律问责，但是如果其与捐赠人签署了一个协议，当该国际非政府组织没有达到协议规定的使命时，其就产生了法律问责。

（五）问责方式为多种方式

究竟用什么方式能够有效地实现对国际非政府组织的问责？或者试问有没有一个具体的完全有效的方式实现对国际非政府组织的问责呢？答案是否定的。鉴于国际非政府组织数量之多及类型的多样性，对国际非政府组织的问责方式必将是多样的。

杰弗里·君尔曼、布伦丹·德怀尔（Jeffrey Unerman，Brendan O'Dwyer）认为不可能仅有一套问责机制适用于所有类型的国际非政府组织，因为这些机制的效率取决于与非政府组织的每个特点有关的一系列因素。[①] 比如，对于小型国际非政府组织来说，其活动范围和活动人员都较少，非正式的问责机制就够了，但是大型的国际非政府组织则需要正式的问责机制。同时，国际非政府组织的问责具有不同的利益相关者，这些利益相关者则需要不同的问责方式，有的仅仅需要数字；有的则需要数字和影响；有的需要正式的途径；有的则仅通过非正式的途径就可以满足问责要求；有的需要细节；有的可能只需要主要观点即可。所以，目前存在着多种国际非政府组织的问责方式，对非政府组织问责的主体主要可以分为以下三种：首先，国家。国家对在本国领土范围内活动的非政府组织采用了多种问责方式，如认证，菲律宾政府就委托菲律宾非政府组织认证委员会对非政府组织进行认证。此外还有通过立法对非政府组织进行监控、评估与评级的方式。其次，政府间国际组织。政府间国际组织也通过各种方式参与对国际非政府组织的问责，如联合国大会的观察员模式、经社理事会的咨商关系模式、[②] 欧洲理事会等区域国际组织的参与模式等。最后，国际非政府组织。国际非政府组织具备自身独特的问责方式，即签署各种类型的行为准则，如《国际非政府组织问责宪章》《红十字国际委员会、

---

① Jeffrey Unerman，Brendan O'Dwyer，*On James Bond and the importance of NGO Accountability*，http：//www. emeraldinsight. com/0951—3574. htm，最后访问日期为 2013 年 12 月 30 日。

② 截至 2010 年 9 月，与经社理事会建立三类咨商关系的非政府组织分别有 139、2218 及 1025 个。资料来源：http：//csonet. org/index. php？ menu = 115，最后访问日期为 2013 年 12 月 20 日。

红新月及其他非政府组织参与灾难救助的行为准则》《国际乐施会慈善会行为准则》与《世界非政府组织协会非政府组织道德和行为准则》等。这些问责方式各有各的特点，正在满足着不同国际非政府组织的需要，实践也证明这些方式发挥着一些积极作用，如在经社理事会取得咨商地位的非政府组织如果连续三年滥用咨商地位从事与《联合国宪章》不相符的行为、有足够的证据证明从事国际所一致认为的刑事犯罪，如贩毒、武器买卖及洗钱等和没有对联合国的工作做出实质有效的贡献，① 将会被废除咨商地位，这肯定会对愿意在国际社会继续发出声音的国际非政府组织的自身问责有一定的督促作用。

（六）问责的目的是实现其角色

在国际法治视野内对国际非政府组织进行问责，要达到什么目的？这也是其问责内涵中必须要考虑的内容。非政府组织运行环境不同，其问责目的的表现也会不同。如国家通过国内法对在本国行为的非政府组织的问责加以规定，把其纳入国内法治的轨道中来。而在国际层面，众多政府间国际组织通过设定各种条件与非政府组织建立咨商、参与等关系，是为了利用非政府组织的"软实力"顺利实现自身的任务。除此之外，国际非政府组织通过各种行为准则和道德准则对自身的问责加以规定来达到善治的目的。国内外的研究者也从不同方面分析了加强非政府组织的问责的作用，如迈克尔·施波尔卢克（Michael Szporluk）在文章中分析了国际非政府组织在促进全球善治中的作用。② 而在国际法治视野内对国际非政府组织的问责进行考量，是为了通过构建更加有效的方式促进国际非政府组织的内部治理和能力建设，使其更有效地参与和促进国际法治进程。

（七）问责过程必将是困难和复杂的

对非政府组织问责经历了从无到有、从简单到复杂这样一个逐渐深入的过程，这个过程非常困难和复杂。而在国际法治视野内去考量国际非政

---

① E/RES/1996/31, para. 56 (a–c).

② Michael Szporluk, "A Framework for Understanding Accountability of International NGOs and Global Good Governance", 16 *Ind. J. Global Legal Stud.*, （2009）339, pp. 339–361; Erik B. Bluemel, "Overcoming NGO Accountability Concerns in International Governance", 31 *Brook. J. Int'l L.*, （2005–2006）139, pp. 139–206.

府组织的问责，由于各种因素的掺杂，这个过程将更加困难和复杂。

首先，在对国际非政府组织进行问责的过程中，有不同的利益相关者，如国家、政府间国际组织、国际和国内非政府组织、跨国公司、个人等，这些利益相关者在不同的场合以不同的角色出现，有时是捐赠者，有时是受益者或合作者，所以担当不同角色的利益相关者对国际非政府组织就会提出不同的问责要求，诸如有的要求财务信息保持透明；有的对国际非政府组织的内部治理提出不同的如培训、升职、管理人员的选任等要求；有的可能要全面地了解非政府组织的信息，包括使命、行为、治理等，如政府间国际组织要求一定范围内的国际非政府组织定期提交报告；而有的只需要简要了解国际非政府组织的某项信息（比如财务的来源与取向）等。这就使有些国际非政府组织很难同时满足上述的各种要求。

其次，目前在不同的国家及在国际层面存在着不同的国际非政府组织问责方式，如不同的国家制定不同的国内法、国家相互之间缔结的有关国际非政府组织的条约、政府间国际组织对国际非政府组织提出的不同问责要求、国际非政府组织相互之间存在不同的行为准则和道德准则等。这些不同问责机制对国际非政府组织提出不同的问责要求，而这些要求之间有时是相互冲突的，国际非政府组织是在不同国家进行活动的非政府组织，而不同的国内法就对在本国范围内的国际非政府组织设置了相互冲突的条件，如在一个国家可能会赋予某些特定的国际非政府组织免税资格，但是这在另外一个国家很有可能是非法的。除此之外，不同的政府间国际组织对与自己建立各种关系的国际非政府组织会因关系的不同设置不同的问责要求，再加上国际非政府组织面临不同的行为准则，也会使国际非政府组织应接不暇，在不同的行为环境面对着不同的问责要求，导致其问责进程面临着困难。

最后，国际非政府组织问责机制的实施是很困难的。虽然目前存在着多种对国际非政府组织的问责机制，但是受各种因素的影响，这些机制的实施十分困难，上述各种机制大多是属于自愿性质，如政府间国际组织的问责机制只适用于自愿与该政府组织建立关系的非政府组织；国际非政府组织之间的行为准则更是如此，其除了没有强制性质以外，还存在数量较少、规定模糊、缺少强有力的实施机制等缺陷，所以实施起来将非常困难。而国际非政府组织本身虽然在不断发展，但是还没有显著提高加入各种机制以增强自身问责性的觉悟，再加上有些国家本身对在本国范围内活

动的国际非政府组织的问责意识不强，如中国对待国际非政府组织的
"三不政策"，更是造成了上述机制的实施困难。造成国际非政府组织问
责机制实施困难的另一个原因就是成本问题，实施上述机制的成本从何而
来？如政府间国际组织对国际非政府组织的"认证"机制，认证费用应
该从何而来？是否应该由申请者承担？还是由认证组织承担？

三　分析国际法治视野内国际非政府
组织问责的理论框架

　　国际法治视野内的国际非政府组织基于什么理论而要接受问责？这个
问题接着往下追寻就是国际非政府组织作为国际法治的参与者和促进者有
什么理论基础。如前所述，国际法治目前为国际法之治，从理论上讲，只
有国际法主体才能和国际法治产生关系，但是鉴于国际非政府组织的国际
法主体地位并没有那么明朗化，那么国际非政府组织依据什么进入国际法
治领域？为什么有义务接受诸多利益相关者的问责呢？我们可以从 2003
年中国两名部级官员因问责而被开除的事件中获得一点灵感，这两名官员
为什么被问责？肯定是对其没有恰当行使权力而负责。正如 1913 年美国
著名法学家霍菲尔德（Hohfeld）在其著作中把权利细致入微地分为了四
组八个特征，其中就有"权利—义务"和"权力—责任"。① 所以我们认
为，国际非政府组织之所以要接受问责，其肯定是在国际法范畴下享有了
权利，权利与义务相统一，既然因为权利而行使了权力，那么就应履行相
应的义务，即问责。这就是本书的分析理论框架。国际非政府组织既然享
受了权利，就要承担义务，在国际法治的进程中就要向相关利益者交代自
己的所作所为，就要接受利益相关者的评估，并根据结果接受相应的惩罚
和奖励。正如国际特赦组织秘书长艾琳·汉（Irene Khan）于 2006 年 7 月
6 日在《国际非政府组织问责宪章》的发布仪式上所说："国际非政府组
织行为的合法性是基于世界广泛承认的言论、集会和结社自由、基于人们
对我们的信任和我们努力寻求的价值。国际非政府组织在今天全球世界的

---

　　① See Hohfeld, *Fundamental Legal Conceptions as Applied in Legal Reasoning*, Yale University Press, 1999, p. 36.

议程设置中正发挥出越来越出色的作用。这就要求我们保证行为透明并对自己的行为问责。问责宪章清晰地显示出国际非政府组织愿意加入该行为准则，在榜样的指引下鼓励其他组织跟随加入。"① 接下来，笔者就来分析国际非政府组织在国际法范畴内享有哪些权利和承担什么义务。

根据《国际法院规约》第 38 条第 1 款，国际法的主要渊源为国际条约和国际习惯。而国际条约作为国际法的首要渊源，国际非政府组织所享有的权利和义务也主要是从国际条约中找寻。国际条约是两个或两个以上国际法主体依据国际法确定其相互间权利和义务一致的意思表示。② 只有国际法主体之间签署符合一定条件的协议才可以被称为条约。目前，在国际法领域内，虽然有的学者主张个人在一定限度内可以作为国际法主体，③ 但是能达成共识的只有国家及政府间国际组织才可以作为国际法主体，所以国际非政府组织是不能作为条约所设定的权利及义务的承担者及享有者的。也就是说国际非政府组织除了不能作为国际法的立法者之外，也不能作为国际法所约束的对象。但是，纵观不胜枚举的国际条约，无论是国家之间所签署的还是政府间国际组织所形成的，都可以发现国际非政府组织或多或少、或直接或间接地与国际条约存在着实证联结，也就是说在众多国际条约中有诸多权利及义务的设定可以由国际非政府组织所享有及承担。这种理论与实践的脱节现象容易对国际法学习者造成认识困难，对国际法很难有一个全面的理解，这也表明了在国际法范畴内，国际非政府组织法律地位的边缘化。本部分也试图从国际条约与国际非政府组织的实证联结出发，洞察国际非政府组织在国际法范畴内究竟有哪些权利和义务，一方面，是回应上述理论分析框架；另一方面，也是正确认识在国际法治视野内对国际非政府组织进行问责。

（一）国际条约与国际非政府组织的实证联结概述

虽然国际非政府组织没有被纳入国际法主体的范畴之内，但是国际条

---

① Amnesty International, *NGOs Lead By Example: World's International NGOs Endorse Accountability Charter*, June 6, 2006, http://www.amnesty.org/en/library，最后访问日期为 2014 年 1 月 20 日。

② 王铁崖主编：《国际法》，法律出版社 1995 年版，第 401 页。

③ ［美］托马斯·伯根特尔、肖恩·D. 墨菲：《国际公法》，法律出版社 2004 年版，第 1—3 页。

约在约束国家及政府间国际组织行为的同时，也是对国际非政府组织在国际法范畴内的权利和义务加以设定，虽然这种设定并没有那么显而易见，并没有像对国家及政府间国际组织设定那样数量巨大，但是仍然可以归结为间接设定和直接设定以下两种方式。

1. 间接设定

虽然众多国际条约仅仅对国家及政府间国际组织的义务及权利加以设定，但是为了实现该条约的目的及宗旨，还是可以从中发现有些权利及义务可以由国际非政府组织加以享有和承担，我们姑且称之为间接设定模式。即不能直接得出该权利由国际非政府组织享有，但是根据该权利和条约的性质，我们可以推定该权利由其享有。如在现代国际人权法领域规定的"集体权"（collective rights or group rights），不仅仅保护某一团体个人的利益或者所有个人利益的集合，而且还保护这一团体的利益。[1] 这种权利主要有"生存权"（right of life）、"自决权"（right of self – determina-tion）等。规定在国际条约中的这一类权利就可以推定由国际非政府组织所享有。《美洲人权公约》第 16 条的结社自由、第 15 条的和平集会权利及第 13 条的表达自由；《非洲人权与民族权宪章》第 20 条的自决权及第 21 条的自由处分财富及自然资源的权利等集体权。除此之外，国际法领域中由国际非政府组织享有的权利还有"组织权"（organization rights），[2] 这是作为一个组织在没有国家干预的情况下所享有的最基本的生存及履行职能的权利。[3] 如《公民权利及政治权利国际条约》（The International Covenant on Civil and Political Rights，ICCPR）第 21 条和平集会（peaceful assembly）的权利；[4] 第 22 条规定的结社自由（freedom of association）的权利；[5] 第 22 条的结社自由不仅仅保护非政府组织的法律人格，而且还对事实上的组织具有同样的作用；[6] 第 18 条的信仰自由（freedom of reli-

---

[1]　Athanasia Spiliopoulou Akermark, *Justifications of Minority Protection in International Law*, Kluwer Law International/Iustus Publishing Co. , 1997, pp. 42 – 48.

[2]　Anna – Karin Lindblom, *Non – Governmental Organization in International Law*, Cambridge University Press, 2005, p. 137.

[3]　Ibid. .

[4]　Manfred Nowak, *UN Covenant on Civil and Political Rights: CCPR Commentry*, N. P. Engel, 2005, p. 658.

[5]　Ibid. , p. 387.

[6]　Ibid. .

gion）的权利①及第 14（1）条规定的公平及公开审理（fair and public hearing）的权利也可能被非政府组织享有。② 《关于经济、社会及文化权利国际条约》（The International Covenant on Economic, Social and Cultural Right, ICESCR）中也可以推断出对非政府组织赋予权利的条款，如第 1 条的自决权（right of self – determination）；第 8（a）条的组建工会的权利（trade union）、第 8（b）条中工会组建国内联盟和参加及组建国际工会组织的权利、第 8（c）条中工会自由活动的权利及第 8（d）条中罢工的权利（right to strike）；国际劳工组织在劳动法领域至少已经制定并通过了 180 多个国际条约，间接规定非政府组织权利的全球性的多边公约还有国际劳工组织的相关公约里面的规定。③ 除了可以推定上述国际条约对非政府组织赋予权利，1998 年《联合国人权捍卫者宣言》（The UN Declaration on Human Rights Defenders）中也把相关权利赋予了有关非政府组织，④ 如该宣言的第 5、6（a）、6（b）、8、9 条都从不同方面赋予了非政府组织活动的权利。⑤ 虽然全球性国际条约里没有明确规定非政府组织应当承担的义务，但权利和义务是相对的，同样在相关国际条约里我们可以推断出存在约束非政府组织的条款。如 1965 年的《消除一切形式的种族歧视国际条约》（International Convention on the Elimination of All Forms of Racial Discrimination）第 4 条，要求缔约国谴责一切形式的不符合公约宗旨的组织的行为；国际劳工组织的 1948 年《结社自由及保护组织权国际条约》（Freedom of Association and Protection of the Right to Organize Convention）第 8（1）条规定相关组织承担尊重实施公约国家法律的义务。在联合国《人权捍卫者宣言》第 18 条第 2、3 款都对相关组织在保护民主、促进人

---

① Manfred Nowak, *UN Covenant on Civil and Political Rights: CCPR Commentry*, N. P. Engel, 2005, p. 658.

② Anna – Karin Lindblom, *Non – Governmental Organization in International Law*, Cambridge University Press, 2005, p. 142.

③ ILO Declaration on Fundamental Principles and Rights at Work, 86th Session, June 1998, para. 2; Article 2, 3, 4, 5, 7, 8 of Freedom of Association and Protection of the Right to Organize Convention（No. 87）of 1948 and Article 2, 3 of the Right to Organize and Collective Bargaining Convention of 1949（No. 98）.

④ E/CN. 4/1993/64, Drafting of a Declaration, 1 March 1993, para. 35.

⑤ Anna – Karin Lindblom, *Non – Governmental Organization in International Law*, Cambridge University Press, 2005, p. 153.

权方面给予了责任（responsibilities）的限定。①

　　2. 直接设定

　　对国际非政府组织的权利和义务直接加以设定的国际条约主要是区域性的，如欧洲、美洲及非洲。1953 年生效的《欧洲人权公约》（European Convention on Human Rights），从时间角度来讲是最早对其权利和义务加以设置的公约，如第 6 条的公正审判权、第 9 条的信仰自由、第 10（1）条的言论表达自由及第 11（1）条的集会及结社自由等。1999 年生效的《欧洲社会宪章》（European Social Charter）第 3 条有关安全及健康工作权、第 5 条保护组织权及第 6 条的集体谈判权（bargain collectively）及第 6（4）条的工人和雇员的集体行动权。2001 年的《奥尔胡斯公约》（The Aarhus Convention）通过界定"公众"（the public）和"与公众相关的"（the public concerned），就直接赋予了非政府组织作为此公约权利的拥有者的地位，权利主要包括获得信息权、参与决策权及公正待遇权。除了在条约中零星规定国际非政府组织权利及义务之外，欧洲理事会 1991 年生效的《关于承认国际非政府间组织的法律人格的欧洲公约》可以说是对国际非政府组织一个专门的约束限定，如该公约的第 1 条规定了非政府组织的性质，第 2 条规定了国际非政府组织的组织性；②2003 年欧洲理事会又通过了《欧洲理事会关于非政府组织地位基本原则》（Council of Europe Fundamental Principles on the Status of Non – Governmental Organizations in Europe）；③除了欧洲区域之外，《美洲人权公约》（The American Convention on Human Rights）的第 12、13、16 条及第 44 条都可以被国际非政府组织享有。《非洲人权与民族权宪章》的第 10、20、21 条也可以被非政府组织享有。除了这些专门性的条约，众多的政府间国际组织在与国际非政府组织建立各种各样关系时，也对国际非政府组织的权利加以设定，如联合国经社理事会对不同

---

　　①　A/RES/53/144，*Declaration on the Right and Responsibility of Individuals*，*Groups and Organs of Society to Promote and Protect University Recognized Human Rights and Fundamental Freedoms*，8 March 1999，annex.

　　②　http：//www. conventions. coe. int/Treaty/en/Treaties/Html/124. htm，最后访问日期为 2013 年 12 月 28 日。

　　③　Fundamental Principles on the Status of Non – Governmental Organizations in Europe，para. 6 – 9.

非政府组织授予咨商地位和权利；欧洲理事会、美洲国家组织及非洲联盟都对此权利加以明确的设定。在承担义务方面，除了上述公约所规定的国际非政府组织必须遵守的义务之外，如 1999 年《欧洲社会宪章》的第二部分①及《关于承认国际非政府间组织的法律人格的欧洲公约》的第 4 条。② 国际非政府组织所要承担的义务基本上被规定在非政府组织与政府组织合作的关系协定里面，如联合国经社理事会对享有咨商地位的非政府组织设定必须遵守的义务，如有不符就会剥夺其咨商地位；美洲国家组织及非洲联盟都对非政府组织的年度报告义务做出了详细的规定。

（二）国际条约与国际非政府组织的实证联结优劣点分析

1. 优点

国家及政府间国际组织通过或直接或间接的方式对国际非政府组织在国际法范畴内权利和义务加以设定，主要有以下几个优点。

第一，为了维护其国际法主体权威，通过这种形式把国际非政府组织纳入到法治的范畴之内。国际非政府组织主要关注的是全球问题，具备全球视野，主要进行跨国行为，在全球范围内并没有约束其行为的国际法律制度，但是确实又有对其进行约束的必要。所以，国家及政府间国际组织通过这种形式对其进行约束。一方面，由于"政府失灵"现象的存在，国家及政府间国际组织对国际非政府组织所具备的全球视野、专业能力及草根意识情有独钟，后者为前者纳言献策，提供专业技术知识与信息并充当其实现工作目标的渠道；另一方面，前者又为后者提供其实现目标宗旨的国际大舞台，使其具备一个较为宽松的国际大环境，从而提高其国际影响力，逐渐走进公众视野。

第二，国际条约与国际非政府组织的实证联结有利于国际非政府组织的自身发展。国际非政府组织不被当作国际法主体，主要受注册国及行为地国的法律约束，但是在私法领域内，国与国之间的法律不同，在一个国家合法的非政府组织在另一个国家可能就会失去合法性。再加上

---

① Anna – Karin Lindblom, *Non – Governmental Organization in International Law*, Cambridge University Press, 2005, p. 177.

② http：//www. conventions. coe. int/Treaty/en/Treaties/Html/124. htm，最后访问日期为 2013 年 12 月 28 日。

有的国家根本就没有非政府组织的相关立法，这就造成非政府组织的发展迥异，没有一个共同的标准。所以近年来，不断有学者对国际非政府组织的代表性及问责性进行拷问。而有了这类共同条约的存在，国际非政府组织就有了共同的发展标准，使其更具代表性及合法性。除此之外，这类条约的存在对约束国际非政府组织的行为起到了非常重要的作用，由于有些组织思想比较激进，所以行为也较为激进，为实现其目的往往不择手段，这类条约就为他们的行为设置一个标准，违反了这些标准，其将失去相应的权利及地位，对大多数的国际非政府组织来讲是有一定的威慑力的。笔者认为，这类条约最重要的作用还是为国际非政府组织寻求其国际法律地位提供了强有力的法律支持，虽然直接涉及非政府组织权利的条约大多来自于区域性条约，但这毕竟是一个开始，不能像从前那样直接无视其国际法律地位，毕竟在一定区域及一定领域内能够找到其地位的法律依据。

2. 缺陷

每一种制度的出现都不是尽善尽美的，肯定都有其缺陷及有待于提升的空间。国际条约与国际非政府组织的实证联结也存在着缺点。

首先，这种现象存在容易造成公众对国际法理论理解的混乱。传统国际法理论，只有国家及政府间国际组织才是国际法主体，也只有他们才能直接享有国际条约所规定的权利。但是这种现象的出现也似乎表明了国际非政府组织也可以在国际条约范畴下承担权利及负有义务。那么国际非政府组织究竟是不是国际法主体？如果是，那么为什么至今没有一个全球性及专门性国际条约对其国际法律地位加以设定？如果不是，那么鉴于国际非政府组织在国际法的制定及实施领域所起到的作用，在国际法视野中怎么加以定位呢？这种混乱不仅仅给初学者带来学习上的难度，就是比较专业及研究颇深的国际法学者也对此问题各持已见，引起广泛的争论。

其次，这种现象存在着先天不足的缺陷。主要体现在用语混乱、无有效的救济机制、不充分性及影响力较弱等。从与国际非政府组织有实证联结的国际条约中不难发现，除了少量的区域性国际条约里面明确提到非政府组织这一术语，大多数用语还是比较混乱的，如有的用到"人人"（everyone），有的用到"公众"（the public）或者"与公众有关"（the public concerned）；对国际非政府组织的描述并没有用到比较精确的法律术语，如有的用"重要角色"（important role）、有的用"is"、有的用"shall or must"。① 再者，这类条约大多都没有为国际非政府组织提供强有力的权利救济机制，除了在美洲人权法院及非洲人权与民族权法院国际非政府组织可以作为受害者直接起诉外，其他寻求法律救济的途径要么是通过仲裁途径，如"彩虹勇士号案"；要么是通过一些"准司法"（quasi – judicial）途径。② 这类条约对国际非政府组织或有心或无心地设定权利及和义务，势必会造成对其权利及义务规定的不充分性，有的注重权利，有的注重义务，权利及义务不对等，即使现有的权利大多数还是在某些条约模糊不清的用语中推定出来的。

最后，这种先天性的缺陷还表现为这类条约对国际非政府组织的影响力较弱，普遍性的国际条约没有对其直接加以设定，区域性的国际条约由于缔约国较少影响力也会大打折扣。③

本 章 小 结

本章的内容仍然属于对论文所要解决的问题进行理论分析，本章主要分为三个部分，前两个部分的主要目的是对问责和国际法治视野内国际非政府组织的问责的内涵进行界定，国际法治视野内国际非政府组织的问责是非政府组织问责的扩展和延伸，是把国际非政府组织放在国际法治的能动环境下去考虑，所以其问责主体、问责对象、问责内容、问责方式及问责过程等肯定要显现出与众不同的内涵，这是本书研究的理论之本。本章的第三个部分是设定国际法治视野内国际非政府组织问责的理论框架，国际非政府组织为什么有义务接受问责？义务与权利是相对的，所以国际非政府组织是基于权利而问责，在国际法之治的语境下，其因享有国际法所

① Anna – Karin Lindblom, *Non – Governmental Organization in International Law*, Cambridge University Press, 2005, pp. 192 – 193.

② 如：The World Bank Inspection Panel, The ILO Freedom of Association Procedures, The "1503 Procedure" of the UN Commission on Human Rights and The UNESCO Procedure for Individual Communications。

③ 如欧洲理事会 1991 年生效的《关于承认国际非政府组织的法律人格的欧洲公约》（European Convention on the Recognition of the Legal Personality of INGOs）目前加入国只有 11 个。

赋予的权利而有义务接受问责。而国际法与国际非政府组织之间在理论上
是没有任何关系的，但是在实证上国际非政府组织或直接或间接享有国际
法所规定的权利，从而为在国际法治语境下考量国际非政府组织的问责定
下了理论分析框架。

第三章

国际法治视野内国际非政府组织
问责危机与探讨障碍论辩

一 国际非政府组织问责危机的缘起

自 20 世纪 80 年代起，"问责"一词风靡全球，但是在问责的潮流中，人们把矛头主要指向了政府和企业，非政府组织被"世界的良心"这一美好光环所围绕，以"纯洁的天使"为假面逃脱问责，相反还以问责主体的身份加入到对政府和企业的问责中来。但是自 20 世纪 90 年代以来，这一情况发生了根本性的变化，人们越来越注意对非政府组织的问责，非政府组织的问责危机成为探讨的主流。笔者对造成非政府组织问责危机的原因进行总结以后，认为主要分为以下几个方面。

（一）非政府组织的迅速增长

自 20 世纪 90 年代以来，非政府组织进入了迅速增长时期，冷战结束后的 1992 年非政府组织的数量为 27190 个，而到了 2012 年底非政府组织的数量就达到了 57721 个，这种爆炸式的增长现象有其根本的原因。

1. 冷战的结束是国际非政府组织数量增长迅速的最重要原因

首先，由于在冷战期间，社会主义阵营与资本主义阵营处于意识形态对峙的状态，社会主义国家一般对来自西方发达国家的国际非政府组织是非常小心的，甚至不会与其发生任何联系，因为这将被看作是新帝国主义干涉。即使到现在，中国作为最大的社会主义国家，对于国际非政府组织的态度仍然十分谨慎。在冷战结束之后，国际非政府组织进入以往的社会主义国家禁区，并且摆脱了政治因素的束缚，这就大大促进了国际非政府组织的交流、合作和新国际非政府组织的产生。其次，冷战的结束使原来两大阵营对抗长期掩盖的民族、宗教及领土矛盾频繁爆发，人道主义危机不断出现，这就促使了在危机中新的国际非政府组织的诞生。[1] 最后，冷战的结束，使国际政治环境相对轻松，低级政治逐渐兴起，普通民众关注的问题更加广泛与细致，这也在一定程度上促进了国际非政府组织的增长。

2. 全球经济一体化进程的加速与国际新问题的出现

冷战结束之后，全球经济得到了迅速发展，全球经济一体化进程加快，国与国之间越来越注重在经济领域的合作，并且出现了全球统一经济贸易组织，如 WTO，这就加快了国家之间进行谈判的议程，这必将引起国家相关政策的改变，无疑会引起公众的关注。此外，全球经济一体化进程与全球化是共同出现的产物，而伴随着全球化的兴起，一些全球问题也随之产生并获得国际社会的广泛关注，如全球环境污染问题是随着经济的发展首先引起全球注意的问题。同时，随着全球经济的发展，国际法关注的领域也越来越多了，不再仅仅局限于传统的和平与安全，而且扩展到了上到外空下至海底、大到世界和平与安全小至生物多样化的保护，随着一些新领域的出现，也就会出现一些关注这些问题的国际非政府组织，如成立于 1992 年的国际大洋中脊协会（InterRidge），宗旨是协调世界各国对大洋中脊的多学科的综合研究。

3. 通信技术的发展

新科技革命的发展使信息通信技术获得更为迅速的发展，信息的跨国流动使人与人之间、团体与团体之间的联系更为便捷。而国际非政府组织之间的交流互动也更为方便，其也能更好地利用通信技术来宣传自己，使更多的人了解自己。

4. 民主观念的盛行

冷战结束之后，民主思想更为迅速地传播到亚、非、拉地区，再加上原苏联及东欧地区也纷纷采取西方国家的民主制度，所以全球的政治自由化和民主化趋势进一步加强。这样宽松的政治环境就为国际非政府组织的发展创造了更为便利的活动空间。"民主准则的传播增加了人们对国际组织透明度的期望及为公众参与提供了更多的机会。"[2]

---

① 王杰等主编：《全球治理中的国际非政府组织》，北京大学出版社 2004 年版，第 155 页。

② Steve Charnovitz, "Two Centuries of Participation: NGOs and International Governance", 18 *Mich. J. Int'l L.*, (1996 – 1997) 183, p. 266.

总之，国际非政府组织的迅速增长除了表现在数量上之外，这一现象还表现在其参与国际事务的领域范围中，如和平与安全领域、全球环境治理、经济发展与人权等领域，真可谓是上至外空、下至深海海底、大至世界和平、小至生物多样化，无不见国际非政府组织的影子。在数量的增长中，人们越来越注意到其中有一些不和谐的因素。正如释迦牟尼圆寂前，恶魔来到他的面前说："我要毁掉你的宗教。"释迦牟尼说："我的宗教是无法毁灭的。"恶魔说："我要让我的弟子穿上袈裟去人间作恶。"听到这里，释迦牟尼流下了眼泪，然后圆寂了。① 这个故事告诉我们，在数量众多的非政府组织中肯定也有披着慈善的外衣达到不当目的的国际非政府组织的存在，如"行李箱式非政府组织"（suitcase NGOs），只是从一个会议走向另一个会议，还有存在的目的只是为了政府和公司利益的"阿斯特罗特夫非政府组织"（Astroturf NGOs）。这些现象吸引了政府、捐赠者和大众对国际非政府组织问责越来越多的注意。

（二）国际非政府组织吸引资金的大量增加

由于在提供公共物品方面存在"政府失灵"和"市场失灵"现象的存在，国际非政府组织成为了弥补政府和市场缺陷的公共物品提供方，越来越多的捐赠者更愿意把资金通过非政府组织使目标群体受益，特别是公众更愿意把资金捐赠给非政府组织，同时有的国家政府为了扶植本国非政府组织的发展，也会调拨资金和放宽约束，这就使非政府组织吸引的资金越来越多，甚至有的大型国际非政府组织的年收入富可敌国，如国际特赦组织在 2009 年的年度收入达到了 2 亿欧元，其中有 40% 的资金是来自公众，② 红十字国际委员会在 2003 年的总部预算就达 0.95 亿欧元，地区预算也达到了 6 亿多欧元。③ 甚至有的国际非政府组织可以帮助国家度过财政危机，如 1995 年瑞典的 30%、瑞士的 29% 及挪威的 25% 财政帮助来自

---

① 康晓光等译：《非政府组织问责：政治、原则与创新》，中国人民大学出版社 2008 年版，"译者前言"第 4 页。

② 参见国际特赦组织网站《国际特赦组织 2010 年年度报告》，参见 http://www.amnesty.org/en/library，最后访问日期为 2014 年 1 月 20 日。

③ Anna - Karin Lindblom, *Non - Governmental Organizations in International Law*, Cambridge University Press, 2005, p. 20.

国际非政府组织。① 而有的非政府组织在使用这些资金的时候，往往不透明，并且近年来有关非政府组织的财政丑闻越来越多，使人们越来越担心非政府组织所掌握资金的来源和去处。所以，非政府组织掌握的资金越多，对其问责的要求就越高。

（三）国际非政府组织的作用越来越重要

自 20 世纪 90 年来以来，国际非政府组织在国际事务中发挥的作用越来越大，反映在国际法治的国际良法和全球善治的内在要求上，国内外有不少学者对国际非政府组织发挥的作用进行了探讨。如何志鹏教授在其文章中通过 5 个方面来总结非政府组织在参与国际法治中所发挥的作用和影响：对特定的问题进行研究与教育，进行专门知识和信息的传播，特别提供和宣传非政府组织的观点与思想；从事运作型的发展项目；通过倡议、游说等方式向政府鼓励在社区水平上的政治参与反映公民关心的问题；对政府和政府间国际组织的政策和行为进行监督，影响了国家的行为和认同、帮助监督和执行国际协议；在紧急状况下进行人道主义救援。② 史蒂夫·夏诺维茨（Steve Charnovitz）把国际非政府组织参与全球治理分为 7 个历史阶段，分别为 1775—1918 年的出现（emergence）阶段、1919—1934 年的参与（engagement）阶段、1935—1944 年的脱离（disengage-ment）阶段、1945—1949 年的正规化（formalization）阶段、1950—1971 年的低成就（underachievement）阶段、1972—1991 年的激烈化（intensifi-cation）阶段及 1992 年至今的强化（empowerment）阶段。③ 并在其文章中从以下几个方面总结了国际非政府组织在参与全球治理中所起到的作用。第一，国际非政府组织可以为政府提供其为特殊主题所需要的专业技术知识；第二，国际非政府组织可以为政治协商在正式渠道之外提供机会；第三，国际非政府组织可以通过提供迅速的反馈帮助政府测试有争议的建议；第四，国际非政府组织可以帮助政府批准或实施新的条约；第

---

① Anna – Karin Lindblom, *Non – Governmental Organizations in International Law*, Cambridge U-niversity Press, 2005, p. 21.

② 何志鹏：《国际法治：一个概念的界定》，载《政法论坛》2009 年第 4 期，第 68—69 页。

③ Steve Charnovitz, "Two Centuries of Participation: NGOs and International Governance", 18 *Mich. J. Int'l L.*, （1996 – 1997）183, p. 190.

五，非政府组织可以为在决策过程为没有被充分代表的群体发出声音；第六，非政府组织可以帮助政府间国际组织实现其作用；第七，非政府组织可以促进政府间国际组织实现问责性；第八，国际非政府组织可以通过监督谈判促进政府的问责性实现；第九，国际非政府组织可以监督政府实施国际协议；第十，咨商过程可以为国际非政府组织在决策制定中提供更多的机会。① 国际非政府组织发挥的作用越大，就越吸引对其责任的追究，研究者就会探讨怎么去规避其不利因素，促使其发挥更大的作用。如史蒂夫·夏诺维茨（Steve Charnovitz）提出了国际非政府组织在参与全球治理中所存在的问题。首先，大量国际非政府组织的参与使深层次的谈判很难进行下去；其次，国际非政府组织所代表利益的不均衡性会产生冲突；最后，国际非政府组织参与到政府间国际组织中，会通过其政府扩大影响力。②

（四）国际非政府组织的合法性危机

合法性的缺失是国际非政府组织遇到的另一个重要问题。我们在此讨论的合法性是国际法层面上合法性的缺失，因为目前在国际法层面上没有任何一部国际条约来约束国际非政府组织，所以国际非政府组织在国际法上寻求法律主体地位是很难的。在 WTO 西雅图会议失败之后，曾经有记者在采访"公众公民"这一国际非政府组织的领导人洛瑞·华莱士（Lori Wallach）时提出了有关其合法性的问题，如"谁选举了你们代表人民去反对世贸组织西雅图会议？"及"难道你们比政府间国际组织经过民主选举选出的代表更具合法性？"等有关问题。除此之外，由于目前有关国际非政府组织合法性的规定主要是由注册国国内法来制定，但是由于各国立法的差异性，在一国注册的国际非政府组织在另一个国家可能会被当作非法组织。此外一些国际非政府组织未经注册就进行活动，这些都让我们感受到解决国际非政府组织合法性危机的必要性，一方面，对符合条件的国际非政府组织赋予国际法主体地位；另一方面，对国际非政府组织的行为加以指导并纳入国际法治轨道中来。国际非政府组织的主要作用之一是监

①　Steve Charnovitz，"Two Centuries of Participation：NGOs and International Governance"，18 *Mich. J. Int'l L.*，（1996－1997）183，pp. 274－275.

②　Ibid.，p. 275.

督各国履行国际条约并对各国政府不透明之处进行曝光。但是这时候我们会发现一个问题，就是谁来监督国际非政府组织？国际非政府组织的透明度谁来负责，又怎么能增加其透明度提高诚信度？如前所述，大部分国际非政府组织都没有定期发布自身的财政和行动报告，如凯尔国际、国际特赦组织、国际自由贸易联合会、国际商会、国际乐施会及世界自然基金会等都存在着不提供年度报告及不提供财务状况的情况，这就很难保证其诚信度。除此之外，我们也发现国际非政府组织内部官僚化及腐败问题屡见不鲜，经常见诸报端。如 2011 年中华红十字会上海卢湾分会天价餐费事件等。这种行为一方面破坏了国际非政府组织本身的形象，另一方面也使人们对其产生怀疑从而丧失信心。所以国际非政府组织存在的合法性危机，是对其问责进行考量的一个重要原因。

二　国际法治视野内讨论国际非政府组织　问责机制的必要性

本节主要通过探讨国际非政府组织与国际法治与日俱增的相互作用来表明这样一个问题：在国际法治视野内探讨国际非政府组织问责危机的必要性。当前，在国际非政府组织广泛参与国际立法与国际治理的环境下，一个不容忽视的现象就是国际非政府组织与国际法治之间的相互依存日益加深，随着国际非政府组织在国际事务中地位的逐渐提升和作用的逐渐增强，他们对国际法治的需求和依赖日益加深；反过来说，在国际法治的进程中，同样离不开国际非政府组织的参与和促进。

（一）国际非政府组织对国际法治的借重

国际非政府组织参与国际事务、实现自己的价值和目标，在很大程度上要依赖国际法治的进程。如前所述，国际法治的当前状态为国际法之治，即适用于国际法主体之间的法治。国际非政府组织如果想在国际事务中发挥越来越重要的作用和角色，其势必得到作为国际法主体的国家和政府间国际组织对其国际法律地位的承认和认可。不用说从 1648 年确立"国家唯一主体地位"的国际社会到第二次世界大战之前，国际非政府组织在国际法律秩序中没有任何地位，即使在第二次世界大战之后，国际非政府组织在国际法律秩序中获得国际法律地位的进展也是十分缓慢和艰难。从《联合国宪章》第71条开始，政府间国际组织为国际非政府组织参与国际事务的身份确立了规范蓝本，到1986年欧洲理事会《关于承认国际非政府间组织的法律人格的欧洲公约》，看似国际非政府组织的法律地位有了很大的提高，但是从理论和实证的角度来看，这一进程的进展并不是很显著。而国际法治是一个多元化法治，除了国家和政府间国际组织之外，还要依赖国际非政府组织等"非国家行为体"的参与，所以国际非政府组织可以通过参与和促进国际法治，使自己的国际法律地位逐渐得到提高和认可。

国际法具备多种功能，总的来说是维护世界和平与安全，促进国际社会的发展。国际法的法律和社会功能，首先，约束功能，国际法通过制定规则，约束国际法主体相互之间的行为，使他们的行为符合国际法治的目标，不仅仅如此，国际法对国际非政府组织、跨国公司和个人等非国际法主体的震慑作用也是不言而喻的；其次，沟通功能，国际法主体之间通过国际法相互沟通与协商，使他们的步调与语言趋于一致；再次，宣示价值功能，体现国际法所遵循的价值追求，诱导国际行为体在行为中都朝该价值目标前进，如《联合国宪章》中对和平、安全、发展、促进友好关系等价值目标的设定等。[1] 而国际非政府组织正是借助国际法的上述功能进行行为实现自己的目标，同时又对自身的行为进行约束，如国际非政府组织通过咨商关系、参与关系等参与到国际事务的谈判中、通过法庭之友制度参与到国际事务的裁判中，并且根据相关国际法设置自己的目标，如联合国经社理事会要求申请与之建立咨商关系的国际非政府组织的宗旨与目标必须与《联合国宪章》的宗旨与目标保持一致。因此，国际非政府组织可以借助国际法作为影响国家、政府间国际组织与其他行为体的有力武器，并且可以借助国际法塑造自己的形象使其他国际行为体，特别是国家和政府间国际组织对自己的国际法律地位逐渐接受和认可。

通过以上分析，也就不难理解国际非政府组织为什么这么热衷于推动各国际法主体接受特定国际法规范。而这种趋势近年来愈演愈烈，在21世

---

[1] Onuma Yasuaki, "International Law in and with International Politics: The Functions of International Law in International Society", 1 *European Journal of International Law*, (2003) 130, pp. 130 – 138.

纪之前，国际非政府组织对国际条约等国际法律文件的谈判和制定的参与主要是片面化的，如仅仅在接受邀请后参加谈判进程，并且在谈判中基本上没有实质性的权利；但是在进入21世纪之后，这种情况发生了很大变化，国际非政府组织对国际条约等国际法律文件的形成进入了全面化影响阶段，也就是黄志雄教授所说的从"幕后"走向"台前"，[①] 国际非政府组织对制定国际条约的议题往往是主动出击，如在著名的《渥太华禁雷公约》和《集束弹药公约》谈判中，相关国际非政府组织不仅以制定相关公约为直接目标，而且对公约内容和公约的监督实施都产生了深远的影响。

（二）国际法治对国际非政府组织的需要和依赖

从实证的角度来看，国际非政府组织在现代国际法范畴内的活动可以分为两大类，一是参与到国际决策的进程中来，关注国际法的编纂与发展；二是监督国际法的实施促进公共利益的实现，这都可以从国际人权法、国际人道法、国际环境法等大量实例中得到证明。除此之外，国际非政府组织也在全球治理中发挥了重要的、独特的、其他行为体所不能替代的作用：他们能在一定程度上弥补"政府失灵""市场失灵"以及以国家为中心的整个国际关系体制的制度性缺陷。国际非政府组织之所以能够成为全球治理中的重要行为体之一，从根本上说是因为他们的力量来源既不同于国家也不同于市场。国家所依托的是征税权、军队和警察等强制力量，市场所依靠的是自己的经济力量，而国际非政府组织所依靠的则是由规范、道义、知识和可靠的信息而产生的权威，是一种"软权力"。由于全球问题的出现和国家地域性之间的矛盾，造成国家在处理全球问题上的"政府失灵"现象，而国际非政府组织的这一优势恰恰弥补了该缺陷。以上所分析的国际非政府组织在国际立法与全球治理中所发挥的作用，正是国际法治的两个内涵要求，所以很肯定地说，国际法治需要和依赖国际非政府组织。

罗伯特·基欧汉（Robert O. Keohane）和约瑟夫·奈（Joseph S. Nye）在一项关于 WTO 的研究中提出，有关国际层面的合法性来自两个方面，正当的程序即（输入 input）和取得的结果（输出 output），[②] 并且在文章

---

① 黄志雄：《国际法视角下的非政府组织：趋势、影响与回应》，中国政法大学出版社 2012 年版，第 9 页。

② Robert O. Keohane, Joseph S. Nye Jr., *The Club Model of Multilateral Cooperation and Problems of Democratic Legitimacy*, Roger B. Porter et al. (eds), 2001, p. 282.

的最后得出结论：在一些涉及多边治理的机构中确立某种形式的非政府组织的代表性，将有助于维持他们的合法性。① 国际法治正是一种多元化法治，国际非政府组织参与其过程，也必将有助于维持国际法治的合法性。首先，从决策输入的合法性来看，要求国际法治的决策形成具备民主的程序，国际非政府组织正在以一种区别于传统的代议制民主的新的民主方式——参与式民主（participatory democracy）② 广泛地参与到国际法主体对国际规则的制定中，这种参与方式得到了很多学者的认可，如夏诺维茨（Charnovitz）提出应该增加非政府组织参与联合国职能机构的程度，至少能起到两个作用：首先，向公众告知政府间国际组织或者其特殊机构的活动；其次，在不同的决策机构发出公众的声音，通过这种方式可以改善现有的国际机制的民主缺陷问题。③ 非政府组织所体现的这种参与式民主，的确能够通过其视角和立场的灵活性、特定问题领域内的专业性和动员民众方面的草根性等优势，在发现问题和解决问题等方面为国际法提供有益的信息和资源渠道。④ 政府间国际组织也通过以下几个方面承认国际非政府组织的这种参与式民主的作用：首先，在国际劳工组织中和国际标准化组织中赋予非政府组织正式投票权；其次，在国际环境条约等国际法文本里面授予非政府组织各种形式的咨商权利，如在 1992 年后期签署的各种多边环境条约里面及在其早期的环境立法过程中非政府组织的参与；最后，在经济、金融和其他专业性政府间国际组织中越来越多的非政府组织的参与；另外，也有一系列非政府组织加入到跨国公司（MNES）制定的行为准则中来。

从决策"输出"的合法性来看，国际非政府组织对国际法治的贡献主要是通过自己的行为和努力，帮助国际法主体在制定和执行国际法方面

---

① Robert O. Keohane, Joseph S. Nye Jr., *The Club Model of Multilateral Cooperation and Problems of Democratic Legitimacy*, Roger B. Porter et al. (eds), 2001, pp. 289 – 290.

② United Nations General Assembly, *We the People*: *Civil Society*, *The United Nations and Global Governanc*, Report of the Panel of Eminent Persons on United Nations – Civil Society Relations, A/58/817, p. 8.

③ Charnovitz (2003), pp. 57 – 58 (citing David Held, *Democracy and the Global Order*: *from the Modern State to Cosmopolitan Governance*, Polity Press, 1995), p. 273; Falk, Richard and Andrew Strauss, "On the Creation of a Global Peoples' Assembly: Legitimacy and the Power of Popular Sovereignty", 36 *Stan. J. Int'l L.*, (2000) 160, p. 191.

④ 黄志雄：《国际法视角下的非政府组织：趋势、影响与回应》，中国政法大学出版社 2012 年版，第 10 页。

做出好的决策，更好地回应国际法治的现实需要。例如，国际非政府组织在国际环境、国际人权、国际经济发展等领域推动了很多条约的制定和谈判，而且还推动着这些条约的监督和适用，这些作用不得不说具备时代的进步性。

国际法治与国际非政府组织之间的这种互动，必将呈现出一种日益增强的趋势。一方面，国际非政府组织将随着国际法调整范围的扩大、在国际事务中约束力的日益增强及在国际关系中地位的日益上升和增强，对国际法的依赖将越来越强；另一方面，随着国际非政府组织国际法律地位逐渐获得承认，再加上国际非政府组织在国际法治进程中的作用日益加深，国际法治将更需要呼唤国际非政府组织更大程度的参与和促进。

当然，在探讨国际非政府组织和国际法治两者之间关系的同时，不能只看到两者之间的相互依存，而且还要承认两者之间的相互矛盾和对立。首先，虽然从实证的角度来看，国际非政府组织在国际法治的进程中起到了不可小觑的促进作用，而国际法治又召唤和需要国际非政府组织的参与，但是从理论上来讲，国际非政府组织仅仅是依靠国内法注册成立，具备国内法律地位的"草根组织"，其在国际法上有可能仍继续处于一种较为边缘和非正式的地位，这种地位将远远不能与国际法的主体地位相提并论，所以国际非政府组织参与国际法治具备着先天的缺陷。其次，由于各国有关非政府组织的立法各异，而在国际法上又缺少对国际非政府组织的有效规制方式，所以国际非政府组织在发展过程中必定存在着各种缺陷，如合法性危机、问责性危机等，而这种缺陷又成为国际法主体及相关研究者质疑国际非政府组织参与国际法治合法性的主要理由。所以，在国际非政府组织给国际法治的进程带来积极作用的同时，从长远的角度来看，如不对其有效规制，很有可能会对国际法治造成种种不利的影响。

总之，国际非政府组织与国际法治之间存在着既对立又统一的关系。两者的根本目标是一致的，都是促进全球善治，构建和谐世界。而目前的国际法治是国际法之治，国际法主体的主流价值是"国家间正义"，而国际非政府组织的主流价值更为宏远，为"全球正义"，所以两者相比，国际非政府组织的主流价值要比国际法治的主流价值更为超前，而国际法治在国际社会中的地位和作用还不是很明朗化，国际非政府组织的这种超前化让目前的国际法治来接受还是有一定的难度。但是无论是两者之间的对立，还是两者之间的统一，为了促进国际非政府组织的健康发展，并使其参与到国际法治的进程中继续起到促进作用，都有必要对国际非政府组织的问责进行探讨。

三　国际法治视野内讨论国际非政府组织问责的障碍分析

如前所述，目前国际法治主要为国际法之治，是主要适用于国际法主体之间依国际法而进行的法治，而目前在国际社会获得一致承认的国际法主体分别为国家和政府间国际组织。所以目前在国际法治视野内探讨国际非政府组织问责的最大障碍是国际非政府组织国际法主体地位的缺失。

（一）　国际非政府组织在国际法中的尴尬地位

自国际法学会成员吕昂·巴（Lvon Bar）于 1912 年根据国际协会1910 年第一届世界大会所提出的通过一个国际条约给予国际非政府组织国际法律地位的建议而起草第一份简短的公约草案以来，[①] 国际社会寻求国际非政府组织国际法律地位已经有一个世纪之久。一个世纪以来，虽然国际社会在一定程度上承认了国际非政府组织的国际法律地位，如对红十字国际委员会的国际法主体地位的承认；区域政府组织对授予国际非政府组织国际法律地位所做的一系列努力，如欧洲人权法院及非洲人权与民族权法院给予其诉讼资格地位及 1991 年生效的《关于承认国际非政府间组织的法律人格的欧洲公约》等。但是这种国际法律地位的授予毕竟仅发生在特定区域及特定领域，而没有在全球形成普遍性，其中最重要的表现就是迄今为止也没有出现一部专门性的、普遍性的国际条约对国际非政府组织进行管制约束。这种现象的存在与国际非政府组织在国际法领域及国际治理领域内所做出的贡献不相称。本部分意在对国际非政府组织实然与应然国际法律地位相背离这一现象作为出发点，对造成这种现象的原因进行分析，最后从国家、政府间国际组织、国际非政府组织及国内外国际法

---

① 在此期间，国际法学会与国际协会世界大会分别在 1912 年、1913 年及 1923 年共提出了5 个国际条约草案建议授予国际非政府组织国际法律地位，参见 Union of International Associations，1988，Appendix 4. 1—4. 5。

学者的角度出发提出应对措施,以期能够抛砖引玉、对国际非政府组织国际法律地位的获得做出微薄贡献。

1. 国际非政府组织国际法律地位尴尬现状:应然与实然的背离

(1)应然:被赋予国际法律主体地位。虽然国际社会在 20 世纪初已经开始试图通过缔结国际条约的方式来赋予国际非政府组织国际法律地位,但囿于当时的国际社会大环境,没有取得成功是有深刻的历史原因的。首先,归因于当时混乱的国际大环境;其次,当时的国际非政府组织和政府间国际组织之间的联系较少,国际非政府组织与当时的国际联盟只有过短短的"蜜月期"联系;① 而从另一个方面讲,即便当时的政府间国际组织也没有被确立国际法主体地位,② 国际非政府组织当时所做出的努力只是"孤芳自赏",是得不到国家及政府间国际组织的支持的。第二次世界大战之后,国际非政府组织本身的影响力发生了天翻地覆的变化。特别是在 20 世纪六七十年代以后,随着冷战的结束及科学技术的迅猛发展,国际非政府组织不仅仅在数量上有了突飞猛进的发展,而且其影响力也引起了国家、政府间国际组织及其他国际行为体的关注,并在实践中纷纷与国际非政府组织建立法律及各种合作关系,从应然的角度出发,国际非政府组织已经具备国际法主体的资格。

所谓国际法主体,按照王铁崖教授的观点是指具备独立参与国家关系的能力、能够直接享有国际法基本权利并承担义务及能够独立参与国际诉讼进行求偿。这一观点道出了国际法主体的本身特征并已经得到了广大国际法学者的一致认可。而从实证的角度出发,国际非政府组织也通过自身的努力证明其已具备了成为国际法主体的资格。

首先,国际非政府组织具备了独立参与国际关系的能力。独立性是国际非政府组织本身的一个特性,如果丧失了独立性,其也就丧失了国际非政府组织的资格。国际非政府组织在实践中与国家及政府间国际组织发生着不可分割的关系,如在国际人权领域,国际特赦组织促进《禁止酷刑公约》的缔结及监督签署国实施;③ 在国际环境法领域,国际非政府组织

---

① Bertram Pickard, "The Greater League of Nations. A Brief Survey of the Nature and Development of Unofficial International Organizations", *The Contemporary Review*, (1936) 6, pp. 6 - 7.

② 1949 年,联合国损害赔偿案,确立了政府间国际组织的国际法主体地位。

③ 李俊义:《非政府间国际组织的国际法律地位研究》,华东政法大学博士学位论文,第 146 页。

不但创设了大量的国际"软法",① 而且在国际环境公约的创设方面也起到了很重要的作用;在国际人道法中,红十字国际委员会的力量更是非常了得;再加上国际非政府组织与政府间国际组织之间所建立的咨商关系及参与关系也向我们表明这样一个事实:国际非政府组织在通过自身的行为与国家及政府间国际组织一直保持交往。

其次,国际非政府组织具备直接享有国际权利及承担义务的能力。虽然目前在国际社会上没有一部专门的、普遍性的国际条约对国际非政府组织进行法律约束,但是我们还是能从一些其他普遍国际条约及区域性公约里面能发现国际非政府组织的这种能力。在人权公约里面所规定的组织权(right of organization);在国际环境条约里面所规定的环境知情权;1998年生效的《欧洲人权公约》第 25 条规定了国际非政府组织的申诉权等。在国际义务方面《联合国人权保卫者宣言》第 18 条第 2、3 款直接规定了国际非政府组织为实现个人权利和自由应该承担的责任;《消除一切形式种族歧视国际条约》第 4 条要求一切组织遵守法律义务及联合国经社理事会要求取得咨商地位的国际非政府组织所应该承担的国际义务;1986年通过的《关于承认国际非政府间组织的法律人格的欧洲公约》更是直接规定了国际非政府组织所应该承担和享有的国际法权利及义务。

最后,国际非政府组织具备参与国际诉讼直接求偿的能力。关于国际非政府组织参与国际诉讼的案例更是不胜枚举,首先我们不得不提"彩虹勇士号案",此案中,绿色和平组织与法国达成协议,通过仲裁的方式,从法国获赔近 800 万美元。虽然国际非政府组织目前还不具备在国际法院中直接参与诉讼(locus standi)的能力,但是在一些区域法院中,国际非政府组织是具备这种能力的,如欧洲人权法院及非洲人权与民族法院等。而在国际司法机构中,国际非政府组织大多是以"法庭之友"(amicus curiae)面目出现的,如 WTO 争端解决机制在多数案件中都欢迎并接受相关非政府组织作为法庭之友提供相关信息。而近年来,对国际非政府组织代表公共利益(public interest)参与到国际诉讼中的讨论更是为数不少。综上所述,国际非政府组织通过自身的努力,迎合国际法的需求已经具备了成为国际法主体的资格。

---

① 如 1911 年国际法研究院的《国际水道非航行用途的国际规则》、1982 年国际法协会的《适用于境外污染的国际规则》及 1995 年世界自然保护联盟的《环境与发展盟约》等。

（2）实然：没有国际法主体地位。通过上述理论及实证分析，国际非政府组织已经具备了作为国际法主体的资格，但是在现实情况中并不完全是这样，其实然与应然的国际法律地位有很大差距。

国际非政府组织国际法主体地位缺失的主要表现就是：在国际社会努力了一个世纪之后，至今仍然没有一部专门的、普遍的国际条约对国际非政府组织进行管制约束从而确定国际法主体地位的。应该有一个专门的、普遍的国际条约对国际非政府组织从概念的界定、国际权利和义务的赋予及有效的权利救济机制进行全方位规范。虽然有 1986 年《关于承认国际非政府间组织的法律人格的欧洲公约》的存在，但毕竟加入国较少，加上该公约本身设置的缺陷，其所起到的作用是很微弱的。

国际非政府组织的实然与应然国际法主体地位相背离的情况，主要缺陷就是人们对国际非政府组织的国际合法性产生怀疑，其为什么要参与国际治理？其又代表了谁？目前，在国家及政府间国际组织在国际治理中显示出其力量薄弱的时候，为了使国际非政府组织更好地参与国际治理并被纳入到国际法治轨道之中，是到了做出改变的时候了！

2. 造成国际非政府组织国际法律地位尴尬现状的原因

国际非政府组织应然与实然国际法律地位的差距之所以如此大，造成其在国际法中的地位尴尬，是以下多种因素交织的结果。

（1）国家不愿面对现实。自 1648 年《威斯特伐利亚合约》起，国际社会进入了国家中心主义社会阶段，在第二次世界大战以前，无论是所谓的文明国家还是独立国家，国家一直是国际法的唯一主体。即使第二次世界大战之后国际社会承认了政府间国际组织及正在争取独立民族的国际法主体地位，但是国家仍然是国际法最主要及最基本的主体。然而，国家在国际治理的过程中，出现了所谓的"政府失灵"（government failure）的现象，正是在这种情况下，国际非政府组织迎合了国际社会的需要，得到迅猛发展，实践也证明了其在参与国际治理的过程中确实起到了国家所不能起到的作用。但是国家一直不愿面对这一现实，自非政府组织在国际社会彰显其独特作用以来，国家一直把国际非政府组织的专业优势及网络化效应作为实现其或善或恶目的的工具，如 1945 年在旧金山举行联合国制宪会议时，美国政府就邀请了 42 个非政府组织的代表作为美国代表团的顾问，还有 160 个非政府组织作为观察员参加了会议，美国政府为其提供了种种便利，美国政府之所以这么做，是希望借助非政府组织能够取得公众对联合国的支持；①在 1998 年成立国际刑事法院的罗马大会上，有的非政府组织的代表是作为一些国家的正式代表出现的，如加拿大；再如在独联体几个国家中爆发的"颜色革命"中，背后有国家支持的西方非政府组织，在事件中发挥了推波助澜的作用，当时的美国总统布什就公开宣称美国在推动颜色革命的过程中，花费了不足 46 亿美元。② 由此我们可以看出，在处理与国际非政府组织关系的时候，国家往往存在着两种相互矛盾的心理，一方面，想利用国际非政府组织的特有优势来实现其目的；另一方面，担心国际非政府组织壮大后会脱离其约束，威胁其国际地位。

（2）政府间国际组织把其当作附属物

国际非政府组织自成立之初，就在积极寻求与政府间国际组织的合作关系。实践也表明，这两类国际组织之间一直保持密切的联系，其中有很多政府间国际组织的前身就是国际非政府组织，国际非政府组织一直把政府间的国际组织作为自己在国际上发出声音的舞台，而政府间国际组织也把非政府组织作为信息及专业知识的来源。从表面上看来，两者之间一直保持着比较友好及和谐的关系，但是从国际非政府组织国际法主体地位获得的角度出发，我们不难看出，政府间国际组织之所以这么做，并不是从承认国际非政府组织国际法律地位的角度出发，而是一方面确实需要国际非政府组织在政府间国际组织不能解决的问题领域发挥作用；另一方面出于对国际非政府组织所掌握的专业信息及知识的需要及非政府组织的参与更能体现政府间国际组织存在的合法性。所以政府间国际组织是一直把国际非政府组织当作其附属物来实现其特有目的的。而这种关系的建立，对于国际非政府组织国际法主体地位的获得并没有起到显著的作用，虽然在一些区域性的政府间国际组织里面，通过法律规定给予了其法律地位，但这些国际组织并不具备代表性，只在小的范围内起作用。而在 1945 年的《联合国宪章》中，考虑到国际社会对联合国的承认及支持，考虑到联合国的合法性及民主性，在宪章第 71 条加入了联合国经社理事会与国际非政府组织建立"咨商关系"（consultative relationship）的规定。这些非政府组织在联合国体系内主要起到的作用就是纳言献策帮助联合国实现其目的，其

---

① Peter Willetts, "*The Conscience of the World：The Influence of NGOs in the UN System*, Brookings Institution", 1996, p. 9.

② 参见《分析：非政府组织在独联体国家颜色革命中的角色》，新浪网 http//：www. mil. news. sina. com. cn/2005—06—23/0832299839. html，最后访问日期为 2013 年 12 月30 日。

并没有真正的投票权及参与权,① 况且这种咨商地位并不是存在于联合国体制内的所有机构里面,联合国给予非政府组织什么样的地位,是观察员还是不同的咨商地位,完全取决于联合国。即使这样,有些国家对于这种咨商地位还是提出异议,甚至要终止这种关系,如坦桑尼亚与阿根廷分别于1968年、1975年提出审查及终止咨商关系的建议。②

（3）国际非政府组织自身素质良莠不齐

国际非政府组织抗争了一个世纪之久仍然没有使自己的国际法律地位得到确立,我们不能仅仅追究国家及政府间国际组织的原因,毕竟内因才是事物发展的关键,国际非政府组织自身素质的良莠不齐也是造成这一问题的主要原因之一。

我们不能只注意到国际非政府组织在参与国际法治中所起到的积极作用,而对其自身缺陷所带来的负面影响视而不见。国际非政府组织的价值观往往是比较激进的,而他们在实现目的的时候也往往会比较激进而不择手段,如绿色和平组织在当时的权威研究已经证明英国壳牌公司钻井沉没计划不会造成污染的情况下,仍然采取极端做法对该计划百般阻挠以致该计划破产;WTO在西雅图部长会议遭受非政府组织大规模的反贸易自由化游行,并发生流血事件,导致会议无果而终;环境解放战线的成员为了保护猞猁狲的栖息地,不惜将美国科罗拉多州的一个滑雪场烧毁,共造成了1000多万美元的损失;而有的国际非政府组织在成立之初,就如无形一样,如大名鼎鼎的国际禁止地雷运动因其突出贡献而获得诺贝尔奖时,因其组织性缺失而遇到了领奖麻烦;而有的国际非政府组织却与国际法所倡导的和平与道德理念价值不符,如国际恐怖主义组织及一些宗教组织,诸如雷克尔教派宣布克隆了三个人类婴儿等;除此之外,绝大多数组织还存在着透明度缺失,如不能如实或回避公开其账务信息,这就会导致对其独立性的怀疑,随之而来就是对其合法性及问责性的考量了。

（4）国际法专家学者理论声音反对

根据对国际法渊源进行最权威表述的《国际法院规约》第38条第1款,权威公法学家学说可以作为创设国际法规则的辅助性渊源。目前

---

① 也有的政府间国际组织赋予国际非政府组织内部投票权,如国际劳工组织。

② 黄德明、匡为为:《论非政府组织与联合国关系的现状及改革前景》,载《当代法学》第3期,第31页。

对于国际非政府组织国际法主体地位，在没有普遍国际条约及国际习惯为国际非政府组织的国际法主体地位提供法律依据的情况下，权威公法学家学说可以彰显国际非政府组织国际法主体地位的重要性。传统的国际法主体理论仅仅将国际法主体限定为"文明国家"，如《奥本海国际法》第8版就认为，只有经过"文明国家"的承认，具有国家资格的国家才具备国际法主体资格。① 采用这种观点的学者还有英国的霍兰德、豪、布赖尔利（Holland，Hall，Brierly）等。虽然随着国际社会的发展，第二次世界大战以前，国际社会基本上对国家作为国际法唯一主体达成了共识，如美国学者威顿（Wheaton）、李斯特（Liszt）、意大利法学家安兹劳特（Anzilotti）等都认为国家是国际法的唯一主体。而在第二次世界大战之后，国际法主体理论有了迅猛的发展，首先就是承认了政府间国际组织是国际法的主体，虽然有些学者认为政府间国际组织是国际法的派生及有限的主体，但毕竟对国际法的主体进行了扩充。但是对于国际非政府组织的国际法主体地位，有些学者持消极态度，除上述传统学者之外，现代学者如周鲠生先生就旗帜鲜明地表明了此观点。② 我国近期的国际法研究者彭忠波③及徐崇利④坚持国际非政府组织现在不是将来也不是国际法主体。

（二）国际非政府组织寻求国际法律地位的历史机遇

1. 国际非政府组织寻求国际法律地位的历史机遇概述

（1）第一次历史机遇

国际非政府组织寻求国际法律地位的第一次历史机遇应该是从第一次世界大战结束国际联盟的成立到第二次世界大战结束。

第一，在国际联盟中的努力。第一次世界大战结束之后，肩负促进国际合作，保证国际和平与安全的使命，国际联盟在美国的倡议下，于1920年成立。国际联盟毕竟是国际社会出现的第一个担负此重任并且有

---

① 劳特派特修订：《奥本海国际法》（第八版），商务印书馆1981年版，第96页。

② 周鲠生：《国际法》，武汉大学出版社2007年版，第49页。

③ 彭忠波：《非政府国际组织的法律人格探析》，载《武大国际法评论》（第六卷），武汉大学出版社2007年版，第136页。

④ 徐崇利：《经济全球化与国际法中"社会立法"的勃兴》，载《中国法学》2004年第1期，第145—146页。

影响力的政府间国际组织，这对于早就开始把活动目标对准国际事务的国际非政府组织来讲绝对是一个参与其中的绝好机会。但是在《国际联盟盟约》中并没有像后来的《联合国宪章》那样明确使用国际非政府组织这一名称，也就是说，国际联盟在其章程中根本就没有涉及国际非政府组织。只在盟约的第 24 条中使用了"所有国际组织"一词，好在当时的历史环境下，对政府间国际组织和国际非政府组织统称为国际组织，所以在1921 年，国联行政院对盟约的第 24 条作了扩大性解释，认为该条中的国际组织包括国际非政府组织，这就为其参与到国际联盟事物之中提供了法律基础。在此以后，无论是国际联盟还是国际非政府组织在处理两者之间的关系上都做出了较大的努力，国际联盟不但给予了国际非政府组织一定的特权，而且还大大扩充了双方的合作领域。但是好景不长，仅仅在两年后，国际联盟行政院就撤销了其在 1921 年做出的扩大性解释，国际非政府组织就这样被排除在了国际联盟之外，有的学者把此期间比喻为国际联盟与国际非政府组织的"蜜月期"。① 自此，国际联盟与国际非政府组织的关系发生了很大的转折，从国际联盟主动听取国际非政府组织的意见和建议到仅被动地为其提供相关信息和资料。

第二，国际非政府组织在此期间的努力。在这个时期，一些活动力及影响力较强的国际非政府组织通过自己的行为努力获得国际法律地位。首先在国际立法方面，自 1912 年起到联合国成立之前，关于国际非政府组织的国际法律地位的公约或者决议草案在一些专家学者或者国际非政府组织的推动下开始浮出水面，共有五个草案相继出台。分别是 1912 年国际法学会成员起草的第一份关于国际非政府组织法律地位的公约草案、1912年关于国际非政府组织的国际条约草案、1912 年关于创建国际非政府组织国际法律地位的公约草案、1913 年关于国际非政府组织的公约草案及1923 年关于国际非政府组织法律地位的公约草案。② 结果都没有被采纳。除国际法学会之外，还有一些在国际舞台上崭露头角的国际非政府组织，典型代表主要有国际劳工组织及国际商会，国际商会一开始与国际联盟的合作是很密切的，而国际劳工组织更是创建了把国家和非政府组织放在平

① 孙海燕：《从国际法的视角看非政府组织与国际联盟关系的演变》，载《法学杂志》2008 年第 3 期，第 120 页。

② Union of International Associations, 1988, Appendix4.1, 4.2, 4.3, 4.4, 4.5.

等地位的独特三方机制。

(2)第二次历史机遇

国际非政府组织寻求国际法律地位的第二次历史机遇是从第二次世界大战结束联合国的创立到 20 世纪 80 年代。在此历史时期内，国际非政府组织在取得国际法主体地位方面有了一定的进展。

首先，在国际法中明确定义国际非政府组织。国际非政府组织通过自身的努力积极参与了《联合国宪章》的缔结过程，在《联合国宪章》中第一次正式使用了非政府组织这一名称，并且在 1950 年经社理事会第288（Ⅹ）号决议中第一次对非政府组织的定义加以了明确。① 除此之外，国际协会联盟及世界银行等国际组织也在自己的职能范围内明确叙述了非政府组织的定义，虽然囿于当时的历史环境及其职能的不同，这些组织对非政府组织的定义在细节上有所不同，但是对于非政府组织的性质有了基本的认同。

其次，国际非政府组织开始正式与政府间国际组织有了法律上的联系。首先是《联合国宪章》第 71 条对非政府组织与联合国经社理事会建立咨商关系进行了明确的法律规定。目前，大量国际非政府组织与经社理事会建立了咨商关系，主要有一般、特别及注册咨商关系。自联合国开创了与国际非政府组织建立咨商关系的先例以来，其他的政府间国际组织也纷纷与非政府组织建立各种咨商关系，如世界银行、欧洲理事会②等都注重与非政府组织建立咨商关系。

再次，国际法在此期间对国际非政府组织有了规制的轨迹。国际非政府组织是按照国内法建立起来的国内法人实体，其应该受到注册国及行为国国内法的法律规制。由于国际非政府组织国际法律地位的缺失，其不能受到国际法的规制。但是在此期间，可以找到国际法对其规制的轨迹。首先在国际条约中规定的一些权利可以推定由非政府组织享有，如在 1966年《公民权利及政治权利国际公约》中规定的组织权（organization right）等集体权利是可以推定由国际非政府组织享有的。此外，政府间国际组织在与非政府组织建立各种咨商关系时也规定了其应该享有的权利及承担的

---

① 该定义认为凡不是根据政府间协议建立的组织都被称为非政府组织，该组织虽然外延过大，但确实提到了非政府组织的本质特点。

② 欧洲理事会在 1951 年第一次决定与非政府组织建立咨商关系。

义务，这也应该算作在国际法范畴内对国际非政府组织进行的一种约束。

最后，国际非政府组织在此时期内开始参与国际诉讼并参与和平解决国际争端。虽然大多数国际司法机构及准司法机构都没有明确规定国际非政府组织有直接起诉的权利，但大量事实表明，国际非政府组织通过各种途径参与国际诉讼，如作为法庭之友；美洲人权法院等司法机构赋予了国际非政府组织作为受害人参与诉讼的权利；与国家进行仲裁等。除此之外，国际非政府组织还积极地参与到国际争端的解决过程中来，充当斡旋及调停的作用。

（3）第三次历史机遇

自 20 世纪 80 年代以来，随着冷战的结束、信息技术的迅速发展及全球治理理念的兴起，国际非政府组织迎来了其寻求国际法律地位的第三次历史机遇。

首先，国际非政府组织积极参与各种国际会议。国际非政府组织参与国际会议已经成为各种国际会议的共性。除了表现为国际非政府组织参与国际会议的种类和类型不断增加、参与代表人数的逐渐增加、国际非政府组织在国际会议的倡议及组织中所起到的不可小觑的作用外，还表现为国际非政府组织往往通过召开影子会议及创办会议刊物的方式①成为国家、政府间国际组织与民众之间沟通的桥梁。

其次，积极参与国际治理。从 20 世纪 80 年代起，虽然和平与发展已经成为国际社会的发展主题，但是随着各种社会问题的增加，在国际治理的过程中，出现了"政府失灵"现象，国际非政府组织在这个时期更是表现出了其参与国际治理独特的优势。其凭借所掌握的专业信息知识等软实力（soft power）积极参与到了国际治理的过程中来，尤其在国际人权领域及国际环境领域更是取得了令人瞩目的成绩。我们从获得诺贝尔和平奖的国际非政府组织的数量就可以看出其作用不可小觑。

再次，国际法律地位有所提高。国际非政府组织在此时期凭借其自身的努力，在国际法中的地位有了大大的提高，不但有公法研究者公开承认国际非政府组织在一定限度内已经具备了成为国际法主体的资格，② 而且

---

① 如在世界妇女大会期间，国际非政府组织召开各种各样的影子会议；CICC 在国际会议期间发行的两种日报：*Terra Viva* 及 *CICC monitor* 就属于此例。

② ［美］托马斯·伯根特尔、肖恩·D. 墨菲：《国际公法》（第三版），法律出版社 2004 年版，第 1—3 页。

某些国际法主体也赋予了国际非政府组织一定的法律地位，如联合国赋予红十字国际委员会、马耳他秩序及国际奥委会观察员地位、欧洲理事会及非洲联盟赋予国际非政府组织参与地位（participatory status）。

最后，出现了专门约束国际非政府组织的国际条约。是否出现专门约束国际非政府组织的国际条约是判定其是否具备国际法律地位的一个关键性的表现。在 1986 年出现了《关于承认国际非政府间组织的法律人格的欧洲公约》，该公约虽然参与国数目较少，并且只适用于欧洲，但是星星之火可以燎原，至少可以看出国家对待国际非政府组织的积极态度。

2. 面对三次历史机遇所取得的成果及其原因分析

（1）面临第一次历史机遇：无功而返。虽然在 1920 年国际联盟成立初期，国际非政府组织与国际联盟度过了短短的"蜜月期"，这种非政府组织企图通过政府间国际组织提高自身法律地位的努力，并没有取得很大的成绩。从 1912 年起试图赋予国际非政府组织国际法主体地位的国际条约草案也没有引起国际社会的重视，没有起到任何的作用。

在此历史时期内，国际非政府组织的努力付诸东流是内外因共同作用的结果。首先，在国际法研究范围之内，对国际法主体本身就没有形成定论，虽然国际社会对国家作为国际法主体没有异议，但是国家的数量较少，再加上根据《奥本海国际法》，并不是所有的国家都是国际法主体，只有所谓的西方"文明国家"才可以作为国际法主体。国际联盟虽然是比较有影响力的政府间国际组织，但其本身的国际法主体地位也没有得到确立，通过与国际联盟建立联系获得自身的法律地位注定就是失败之举。其次，虽然第一次世界大战过后，国际社会进入了短暂的和平期，国家还没有从第一次世界大战的惨祸中恢复过来，第二次世界大战就接踵而至，在这种国际社会动荡的情况下对国际非政府组织的国际法律地位是无暇顾及的。最后，国际非政府组织自身的素质也是失败的主要原因之一。国际非政府组织在此期间，不但数量较少，影响力较弱，而且其自身素质也有待提高，对其代表性及问责性更是很难考察。其中最主要的表现就是在与国际联盟短短的"蜜月期"内，有些国际非政府组织往往混淆自己与政府间国际组织的区别，盲目自大，在国际社会造成了很坏的影响，最终导致国际联盟与其断绝合作关系。

（2）面临第二次历史机遇：破冰的开始。在此期间，国际非政府组织国际法律地位的获得虽然不能说取得了很大的成功，但可以被称作破冰的开始，至少对于国际非政府组织来讲是看到了希望的曙光。

首先，第二次世界大战后，国际社会进入了和平恢复期，国际非政府组织有了发展的空间，不管其数量还是质量都有了很大的提高。这为国际非政府组织获得国际法主体地位奠定了坚实的基础。其次，国际法主体的范围有所扩大，国际法院在 1949 年"联合国服务人员赔偿案"的咨询意见中确定了联合国的国际法律地位，起码表明了国际法主体的范围是随着国际社会的需要而扩大的。最后，以联合国为典型代表的政府间国际组织越来越注意到国际非政府组织区别于国家与政府间国际组织的独特优势，并且越来越注重建立两者之间的合作关系。但是在建立两者合作关系的过程中，政府间国际组织吸取了国联的失败教训，采取了比较谨慎的态度，在两者的关系中，政府间国际组织完全处于主导地位，对国际非政府组织设定了种种限制。

（3）面临第三次历史机遇：拨云见日。自 20 世纪 80 年代以来，国际非政府组织通过自身的努力在获得国际法主体地位方面取得了巨大的成绩，虽然离成功还有很大的距离，但较前两次面临机遇后所取得进展相比，已经算是很大的成功了。

首先，自 20 世纪 80 年代以来，随着冷战的结束及科学技术的迅猛发展，国际非政府组织也迎来了发展的春天，国际非政府组织在数量和自身质量建设中有了很大的提高，国际非政府组织的数量远远超过了国家和政府间国际组织的数量。其次，国际社会在这个时期出现了前所未有的以人权及环境问题为典型代表的社会矛盾，国家及政府间国际组织在处理这些社会矛盾的过程中，出现了"政府失灵"现象，国际非政府组织正是抓住这个机遇，积极参与到国际治理的进程中来，大到维护世界和平与安全，小到生物多样化的保护，国际非政府组织都取得了令国际社会刮目相看的成绩。正是基于国际非政府组织在国际治理中所发挥的独特的优势，国家和政府间国际组织更加注重与国际非政府组织的联系，如红十字国际委员会与国家签署协议建立新型的外交联系，许多的政府间国际组织也加强与国际非政府组织的合作关系，如一些区域政府组织把与国际非政府组织的关系从咨商模式转变为参与模式。在此期间更是出现了专门约束国际非政府组织并赋予其国际法律地位的国际条约。这都是与国际非政府组织的努力分不开的。当然，我们不能过分强调国际非政府组织的优点，而忽视其自身在发展过程中的缺点，如有些国际非政府组织在行为过程中表现出与国际法的宗旨与目标不相符的过激行为，还有国际社会对国际非政府组织自身问责性及代表性的责问，都是其应该注意到的问题。

本 章 小 结

本章主要对提出的问题进行分析，首先，为什么会在国际法治视野内产生对国际非政府组织的问责性危机的探讨，基于权利产生义务，掌握的资源越多产生的责任就越多，自 20 世纪 90 年代以来，国际非政府组织呈现爆炸式增长，国际法赋予其越来越多的权利，其掌握的资金也越来越多，同时，国际非政府组织在行为的过程中产生了一些不和谐的因素，导致国际社会开始对其问责。其次，笔者分析了在国际法治视野内探讨国际法治国际非政府组织问责危机的必要性，一方面，国际非政府组织对国际法治产生依赖；另一方面，国际法治召唤着国际非政府组织的参与，两者之间的统一关系使该问题有了探讨的必要。最后，由于目前的国际法治为国际法之治，因此在国际法治视野内探讨国际非政府组织问责性危机的最大障碍就是国际非政府组织国际法主体地位的缺失，从实证的角度来看，国际非政府组织的国际法律地位面临着实然和应然的尴尬分离，虽然国际非政府组织在面临获取国际法律地位的三次历史机遇时做出了努力，但是结果不是很显著。

第四章

国际法治视野内国际非政府组织
问责机制现有路径分析

国际社会各行为体既然已经认识到国际非政府组织在国际良法和全球善治的形成中所起到的作用，并且国家和政府间国际组织纷纷与国际非政府组织展开合作，所以在国际法治视野内肯定已经存在国际非政府组织的问责方式。笔者进行考证之后，发现目前在国际法治视野内按照问责主体的种类进行区分，对国际非政府组织适用的问责方式主要有三种，分别是国家作为问责主体的国内法和国际条约的模式、政府间国际组织通过咨商关系和参与关系的模式以及国际非政府组织自愿缔结和签署行为准则与道德准则的方式。本章的主要目的就是对目前存在的这三种方式进行介绍，并分别考察其存在的优劣点。

一 国家对国际非政府组织问责机制构建的作用和缺陷

（一）国家对国际非政府组织问责机制构建方式的类型

由于国际非政府组织国际法律地位的缺失，其只能在某一国家进行注册，所以从这个意义上来讲，国家是对国际非政府组织进行问责的主要主体。按照国家对国际非政府组织问责的形式，主要分为以下两种类型。

1. 国内立法

国家通过国内立法对在本国进行活动的国际非政府组织的问责进行规制和约束，是最为常见的一种方式。这些国家一方面有进行慈善等公益活动的传统；另一方面是为了促进这些国际非政府组织在本国的健康发展，顺利实现其职能并且为本国的稳定和发展做出贡献，所以都纷纷注重加强对在本国活动的国际非政府组织的问责。如英国在 2006 年 11 月 8 日颁布实施的《慈善法》，在该法中，英国政府除了以内部治理的方式加强对在本国国内注册和活动的慈善组织的问责以外，并且专设了慈善委员会（charity commission）加强对慈善组织的问责，明确规定慈善委员会的问责目标主要是增加对捐赠者、受益人及公众的问责。① 美国加利福尼亚州《政府法典》的12582.1节，明确规定本法所约束的慈善组织包括在本州为这样的目的而经营或者持有财产的类似的外国慈善组织。② 此外还有加拿大萨斯喀彻温省《慈善资金募集企业法》、安大略省《慈善机构法》、澳大利亚首都特区《慈善募捐法》等，不仅如此，日本、韩国、俄罗斯等国都出台了相关法规。③ 这些国内立法基本上是从国际非政府组织在本国的注册、组织、活动、内部治理、信息披露、财务公开与审计、人力资源政策等方面对国际非政府组织的问责做出了较为详细的规定。

　　2. 国际条约

　　由于国际非政府组织缺少国际法主体地位，所以通过国际条约的方式对国际非政府组织的问责进行约束从理论上看似不可能，但是从实证的角度来看，确实存在着国家通过缔结国际条约的方式对国际非政府组织进行问责的现象。对现存的条约进行考察，这种方式分为两种类型。首先是间接方式，如1965年的《消除一切形式的种族歧视国际条约》（International Convention on the Elimination of all Forms of Racial Discrimination）第4条，要求缔约国谴责一切形式的不符合公约宗旨的组织的行为；国际劳工组织1948年《结社自由及保护组织权国际条约》（Freedom of Association and Protection of the Right to Organize Convention）第8（1）条规定相关组织承担尊重实施公约国家法律的义务。《联合国权利捍卫者宣言》第18条第2、3款都对相关组织在保护民主、促进人权方面给予了责任（responsibilities）的限定。④ 其次是直接方式，欧洲理事会考虑到国际非政府

---

　　① 参见杨道波、刘海江等译《国外慈善法译汇》，中国政法大学出版社2011年版，第6页。

　　② 同上书，第163页。

　　③ 这类法规都已经被译入中国，如李本公主编《国外非政府组织法规汇编》，中国社会出版社2003年版；金锦萍、葛云松《外国非营利组织法译汇》，北京大学出版社2006年版；金锦萍《外国非营利组织法译汇》（二），社会科学文献出版社2010年版；杨道波、刘海江等《外国慈善法译汇》，中国政法大学出版社2011年版；等等。

　　④ A/RES/53/144, *Declaration on the Right and Responsibility of Individuals*, *Groups and Organs of Society to Promote and Protect University Recognized Human Rights and Fundamental Freedoms*, 8 March 1999, annex.

组织在各成员国发挥的积极作用，在 1986 年通过、并于 1991 年实施了《关于承认国际非政府组织的法律人格的欧洲公约》（European Convention on the Recognition of the Legal Personality of International Non – governmental Organizations），虽然该条约仅包括 7 条，但是涉及了国际非政府组织的问责，如第 1 条规定本公约使用的国际非政府组织必须符合以下特点：在国际社区内具备非营利目的、按照成员国的国内法成立、至少要在两个国家内进行活动、必须在某一成员国内有法定的办公室并且在该成员国或另一成员国内具备中心管理和控制机构。第 2 条对国际非政府组织的组织性作了要求，第 3 条对国际非政府组织存在的证据做出要求，第 4 条规定了不符合本公约规定的国际非政府组织的条件，变相规定了国际非政府组织所要承担的义务。① 从这些条款可以看出，该公约对国际非政府组织的使命及组织问责提出了要求。2003 年欧洲理事会又通过了《欧洲理事会关于非政府组织地位基本原则》（Council of Europe Fundamental Principles on the Status of Non – Governmental Organizations in Europe），该文件首先在序言里肯定了非政府组织所起到的作用，然后从设立动机、表达自由、法律地位及公正对待等方面提出了有关国际非政府组织必须遵守的基本原则。②

（二）国家对国际非政府组织问责机制的作用

1. 有利于增强国际非政府组织的问责

国际非政府组织的问责是一个复杂的过程，需要多个行为体共同努力才能达成。而国际非政府组织首先与国家发生联系。首先，要在国家内进行注册，这是国际非政府组织具备合法性的第一步。其次，其为了实现职能与目标，势必要寻求与国家的合作，只有在国家的支持下，才能在某一国家内顺利开展活动。而国际非政府组织在某一国家内进行注册和活动首先要依据的就是该国的一系列法规，根据这些法规国际非政府组织必须具有一定的特征、组织形式一定要符合特定的结构、遵守财务审计与信息披露义务等。所以国家通过国内立法与缔结国际条约的方式，有利于增强国

---

① http：//conventions. coe. int/Treaty/en/Treaties/Html/124. htm，最后访问日期为 2014 年 2 月 16 日。

② Fundamental Principles on the Status of Non – Governmental Organizations in Europe，para. 6 – 9.

际非政府组织的问责。特别是在国际法治视野内，国家是增强国际非政府组织问责的首要行为主体，所以国际非政府组织应该积极寻求与东道国合作，这是双方互助互利的事情。目前，可能有的国家针对在本国领土范围内活动的国际非政府组织的法律制度有所缺失，造成国际非政府组织在国家内活动的形式多种多样。这主要是因为有些国际非政府组织在其国内的存在没有被引起注意，从而没有引起广泛的影响，这就使东道国很难知道其存在，更别说能够听到其声音了，造成了组织与国家之间信息的不畅通，国家在立法层面就没有办法顾及其自身的特点，这也是造成相关法律制度缺失的一个原因。国际非政府组织应该积极寻求与东道国政府合作的机会，如福特基金会早在1988年就与中国政府签订协议，在北京成立了中国地区办事处。这就易使中国政府更好地了解它，在制定法律法规的时候考虑到其特点与需要。当然，与东道国政府进行合作，并不是让其依附于东道国政府，丧失独立性，而是通过这种途径更好地保障其独立性。因为坚守自身独立性是国际非政府组织合法生存的首要前提。[①] 这也是增强国际非政府组织问责的一个重要方面。

　　2. 有利于赋予国际非政府组织一定的国际法律地位

　　国家在面临与国际非政府组织的关系时，往往一方面乐于享受国际非政府组织在自己不能或者不愿触及的领域所带来的成果，而另一方面又往往害怕国际非政府组织过于活跃难以加以规制，所以迟迟不愿意承认国际非政府组织的法律地位。这种做法是有失偏颇的，在国际法领域承认国际非政府组织的法律地位，把其纳入法治轨道，是为了使其更好地发挥作用。由于国际非政府组织的主要行为地是在国家领土范围之内，所以国家的国内立法和缔结国际条约在国内和国际法两个层面上承认了国际非政府组织的法律地位。发展中国家要向发达国家学习并借鉴立法及实践，如中国目前与在华国际非政府组织有关的法规是《基金会管理条例》，但这部法规缺乏时效性，国际非政府组织如果利用这部法在中国行动是很难的。相比之下，发达国家的做法值得借鉴，如英国的《慈善法》对国内及国际的非政府组织从注册到活动作了近乎完美的规定。虽然目前在国际层面上承认国际非政府组织国际法律地位的仅有欧洲理事会《关于承认国际

---

　　① 徐莹：《残缺的独立性：国际非政府组织首要结构性困难解析》，载《世界经济政治与论坛》2008年第3期，第108页。

非政府组织的法律人格的欧洲公约》这一区域性公约，毕竟是国家迈出
了承认国际非政府组织国际法律地位的第一步。所以除国家要完善相关国
内法规之外，国家还应积极加入及修改相关国际条约，对于其中用词模糊
的地方加以修正，并与其他国家开展广泛合作，建立全球及区域性的合作
机制及保障机制，保证国际非政府组织在全球范围之内进行活动的时候，
有一套完善的国际法及国内法规为其"保驾护航"，这不仅仅有利于国际
行为体之间的通力合作，为建立和谐社会做出更有利的贡献，而且还为国
际非政府组织国际法律地位的获得做出很重要的贡献。

（三）国家对国际非政府组织问责机制的缺陷

1. 国内法规参差不齐

国际非政府组织的问责是一个较为复杂的过程，要保证内部问责和外
部问责的平衡，偏向任一方都会使该机制的效率减弱。但是，从现存的国
内法对国际非政府组织问责的相关法律规定来看，其主要关注的国际非政
府组织的内部问责，对其注册、活动、信息披露、账务管理和审计、人力
资源政策等进行了规定，而对国际非政府组织的外部问责却规定较少。

除了上述国内法对国际非政府组织的问责约束不平衡之外，由于每个
国家对待国际非政府组织的态度不同，也就导致了相关法规完善程度的不
同，有的国家根本就没有专门统一的有关非政府组织的立法。在此，笔者
就以中国为例，关于国际非政府组织的法规的缺失。

首先，没有统一的国家立法。纵观中国法律体系，自改革开放以来，
也实施了一系列法规对非政府组织进行法律规制。按照时间顺序，1982
年《宪法》第 35 条赋予了公民言论、集会及结社的自由，这也就为非政
府组织的存在提供了最基本的法律依据；1988 年《基金会管理办法》，后
被 2004 年《基金会管理条例》所替代；1989 年实施及 1998 年修订的
《社会团体登记管理条例》；1998 年《民办非企业单位登记管理暂行条
例》；《取缔非法民间组织暂行办法》；1999 年《中华人民共和国公益事
业募捐法》；2004 年《民间非营利组织会计制度》及经过多次修订、2008
实施的《中华人民共和国税法》等。这些部门法及行政法规都从不同方
面对在华活动的非政府组织进行不同程度的预测，有的是赋予权利，有的
是授予义务。但遗憾的是，我国至今没有一部能够全面约束非政府组织，
特别是在华活动的国际非政府组织的法规出现，对非政府组织的注册、活

动、审计、免税等问责机制的有关方面都做出详细的规定，真正使非政府组织在华活动"有法可依"。

其次，现有法律的自身缺陷。虽然从中国目前存在的种种法规来看，国外非政府组织在华活动是"有法可依"的，但这些法规却存在着固有的缺陷，如目前主要涉及非政府组织的《社会团体登记管理条例》《民办非企业单位登记管理条例》《基金会管理条例》等都是政府部门法规，而不是由全国人大及常务委员会制定的统一法律，全国使用的效力就大大打了折扣；再者，上述政府部门法规中确定的对非政府组织管理制度的基本法律框架就是所谓的"归口登记、分级管理、双重负责"①，而这一模糊规定导致非政府组织的制度管理部门臃肿、模糊及牵强，部门之间登记管理在华国际非政府组织时相互推诿，使国外非政府组织在华活动时很难找到对口上级主管部门登记，而中国1986年《民法通则》第50条明文规定社会团体经核准登记才能取得法人资格，因此很多国外非政府组织在中国是处于"登记无门"的状态。而中国法律明文规定国际非政府组织在中国不得设立分支机构和吸收会员，也成为国际非政府组织在华顺利开展活动的障碍。虽然中国相关税法授予了非营利组织免税资格，但是在中国相关税法中却没有明确规范哪种非政府组织可以获得免税地位，目前只允许少数经批准同意的在华国际慈善组织获得免税地位。所以中国目前缺少对授予非政府组织免税资格地位进行规范的、严格的及清晰的法律规定。

最后，地方法规良莠不齐。中国规制非政府组织的地方法规发展不完善、不平衡。不完善主要表现为制定地方性法规时缺少上位法的指导，所以各个省、自治区及直辖市各显神通，也就导致了各个地区之间的相关立法不平衡，主要表现在经济发达的地区要比经济欠发达地区的完善，如北京、山东及吉林等地，而这些地区之间的地方法规也是各有侧重点，如2009年吉林省下发的《吉林省社会组织登记管理机关行政执法程序规定》中，另设了社会组织执法监管局，负责社会组织的监督管理，这一举措虽然有造成机构臃肿之嫌，但毕竟在对社会组织监管方面比其他地方要先进一些。

2. 影响面较窄

在国际法层面，虽然有欧洲理事会1986年的《关于承认国际非政府组

---

① 吴玉章：《双重管理原则：原则、现状和完善》，载黄晓勇主编《中国民间组织报告2009—2010》，社会科学文献出版社2009年版，第71—72页。

织的法律人格的欧洲公约》，但是该公约所起到的作用很有限，如其影响到的国家相对较少，目前加入该公约的国家数目仅为 11 个，仅为欧洲理事会成员国数量的 1/4。此外，国际非政府组织的问责是一个相对复杂的机制，而该公约仅仅对国际非政府组织的使命问责与组织问责进行了部分规定。离国际法治视野内国际非政府组织问责的内涵要求相去甚远。除此之外，上述几种国际文件只是建议性，对非政府组织并没有强制约束力，如《联合国权利捍卫者宣言》《欧洲理事会关于非政府组织地位基本原则》等，所以其并没有真正地对国际非政府组织的问责起到作用。

二　政府间国际组织对问责机制构建的作用和缺陷

（一）政府间国际组织对国际非政府组织构建的类型

如前所述，国家通过国内立法的方式对国际非政府组织的问责进行规定，主要对国际非政府组织的内部问责起到作用。通过区域国际条约的方式，由于影响面较窄，所起到的作用也不是很显著。而政府间国际组织是国际法中很重要的派生主体及决策者，其成员资格只向国家开放，但是在实践中政府间国际组织与国际非政府组织也建立了良好的合作关系，使国际非政府组织参与到国际事务的进程中来，政府间国际组织也可以通过这种合作关系对国际非政府组织的问责进行规定。目前两种国际组织之间的关系模式主要有三种，即观察员模式（observer）、咨商模式（consultation）及参与模式（participation）。在这些合作关系模式中，政府间国际组织通过一系列的方式对与自己建立关系的国际非政府组织进行问责。戴纳·布雷克曼·瑞瑟（Dana Brakman Reiser）和克莱尔·R. 凯利（Claire R. Kelly）认为政府间国际组织是弥补国家对非政府组织问责缺陷的"守门人"（gatekeeper）。[1]

1. 通过观察员模式对国际非政府组织进行问责

与国际非政府组织建立观察员关系的政府间国际组织数量不多，主要是以联合国和世界卫生组织为代表。鉴于有些国际非政府组织所做出的杰

---

① Dana Brakman Reiser and Claire R. Kelly, "Linking NGO Accountability and the Legitimacy of Global Governance", 36 *Brook . J. Int'l L.*, （2010 – 2011）1011, p. 1011.

出贡献，联合国赋予他们观察员资格地位，如红十字国际委员会（1990年）、红十字会与红新月国际联合会（1994 年）、马耳他秩序（1994 年）及国际奥委会（2009 年）。由于在《联合国宪章》中缺少授予与管理观察员地位的相关条款及程序，所以也没有如何对享有观察员地位的国际非政府组织进行问责的规定，但是在实践中，取得观察员地位意味着该国际非政府组织可以有机会参与到联合国大会及其各委员会召开的会议中，并享有向会议提交自己能力范围内陈述的权利。虽然联合国没有对享有观察员地位的国际非政府组织的问责做出规定，但是鉴于其在国际某一领域所做出的突出贡献与《联合国宪章》的宗旨保持一致，可以推断出享有观察员地位的国际非政府组织应担负着使命问责的义务，即其承担的国际责任就是与《联合国宪章》的宗旨保持一致及遵守国际强行法。

世界卫生组织也赋予国际非政府组织观察员地位，其允许观察员参加会议、获得非机密文件和提交备忘录。其在《世界卫生组织与非政府组织关系管理原则》（Principles Governing Relations between WHO and Non-governmental Organizations）中为国际非政府组织和世界卫生组织之间提供了正式的关系，在该原则中，世界卫生组织分别从使命、组织和财务方面对与自己建立正式关系的国际非政府组织提出了问责要求，如在使命问责要求中，要求国际非政府组织不仅仅要关注卫生，而且不能具备商业和营利性质，必须具备国际性质和代表了在其行为区域内的绝大部分人的利益；在组织问责中，要求国际非政府组织具备章程和其他基本文件、总部和管理机构、国际非政府组织的成员必须必备投票权、在寻求与世界卫生组织建立正式关系之前，必须已经与世界卫生组织建立正式工作关系至少两年等。同时，世界卫生组织还对参与的国际非政府组织提出了监督和实施问责的要求，并且专门要求国际非政府组织常设委员会每三年审查与国际非政府组织的关系，并且决定该关系是否继续维持下去。除此之外，在非洲人权委员会，享有观察员地位的国际非政府组织首先要与非洲人权委员会建立亲密的合作关系、要对双方有共同利益的事项进行有规律的协商并向委员会每两年提交一次活动报告。① 这就对国际非政府组织的使命问

---

① *Resolution on the Criteria for Granting and Enjoying Observer Status to Non - Governmental Organizations Working in the Field of Human Rights with the Africa Commission on Human and Peoples' Rights*，adopted by the ACHPR at its 25ᵗʰ session, 26 April – 5 May 1999, chapter Ⅲ.

责、组织问责等提出了要求。

2. 通过咨商关系向国际非政府组织进行问责

咨商关系是国际非政府组织与政府间国际组织合作最为常见的一种关系。咨商关系最早来自《联合国宪章》第71条，授权经社理事会与关注自己领域事项的非政府组织建立咨商关系。建立咨商关系，一方面可以使联合国获得非政府组织所提供的特别领域的专家意见及建议；另一方面也可以使非政府组织广泛代表公众并表达他们的意见。经过不断的磋商及摸索，目前与经社理事会建立咨商关系的非政府组织一共有三种，① 即一般咨商地位（general consultative status）、特别咨商地位（special consultative status）及注册咨商地位（roster status）。② 除此之外，非政府组织还与其他联合国条约机构建立咨商关系，如人权委员会、经济、社会、文化权利委员会、反酷刑委员会、消除种族歧视委员会及儿童权利委员会等。③ 国际劳工组织和早期的欧洲理事会也与国际非政府组织建立了这样的关系。不同的咨商地位使得国际非政府组织享有不同的权利，如在联合国经社理事会只有享有一般咨商地位的非政府组织可以向非政府组织委员会提议要求秘书长在理事会的行动计划里加入考虑非政府组织利益的条款；④ 只有一般及特别咨商地位的非政府组织可以派代表作为观察员出席理事会的各种公共会议，可以提交在自己专业领域内的书面陈述，而享有注册咨商地位的非政府组织只能派代表出席有关自己领域的会议，而不能提交书面陈述；⑤ 只有一般咨商地位的非政府组织可以就非政府组织委员会的建议向理事会书面陈述，而特别咨商地位的非政府组织只有在特殊情况及经委员会建议的时候才能这样做。⑥ 在国际劳工组织中，享有一般（general）及区域（regional）咨商地位的非政府组织可以出席大会，在主席的同意之下还可以传阅自己所关心问题的信息资料，但有关行政及财政的除外；如

---

① E/RES/96/31, part IX.

② 截至2010年9月，与经社理事会建立三种咨商关系的非政府组织分别有139、2218及1025个。资料来源：http：//csonet. org/index. php? menu =115，最后访问日期为2013年12月20日。

③ Anna – Karin Lindblom, *Non – Governmental Organization in International Law*, Cambridge University Press, 2005, pp. 395 – 410.

④ E/RES/96/31, part IX, para. 28.

⑤ Ibid. , para. 29 – 30.

⑥ Ibid. , para. 32.

果主管机构及大会邀请，还可以出席大会委员会的各种会议。① 对规定权利的同时，相关组织也对享有咨商地位的国际非政府组织以限定义务的方式对其问责提出了要求，如联合国要求建立咨商关系的国际非政府组织要符合以下标准：宗旨与目标要与《联合国宪章》的宗旨与目标保持一致、组织应该具有代表性、组织必须要完善，具备总部和执行官、组织必须要经过授权代表其成员、组织要对其成员具备合适的问责机制等。② 从此规定中，可以看出联合国对享有咨商地位的国际非政府组织的使命问责、组织问责和财务问责都提出了要求。除此之外，联合国还设置了监督和惩处机制，如终止及取消非政府组织咨商地位的情况主要有三个：第一，非政府组织连续三年滥用咨商地位从事与《联合国宪章》不相符的行为；第二，有足够的证据证明从事国际所一致认为的刑事犯罪，如贩毒、武器买卖及洗钱等；第三，没有对联合国的工作做出实质有效的贡献。③ 相似的是早期欧洲理事会规定如果享有咨商地位的非政府组织已经停止他们的行为，或者已经不能为欧洲理事会的工作做出贡献，或者不能使欧洲公众揭晓其行为，就会被取消咨商地位。④

3. 通过参与模式对国际非政府组织的问责

参与模式大多存在于区域国际组织。从 1951 年到 2003 年欧洲理事会（EC）一直与非政府组织保持咨商关系，但是经过（2003）8 决议后，两者的关系变为参与模式。目前大约有 400 个非政府组织取得参与地位。⑤取得参与地位的非政府组织专家可以作为咨商者参加这种活动；可以基于组织或者临时安排为政府间委员会做出贡献；为秘书长准备备忘录及在大会的各种委员会上做口头及书面陈述等。⑥同时也规定了其的问责，如定期向欧洲理事会报告自身活动及发展状况；向理事会的各个机构提供信

① Standing Orders of the International Labour Conference, February 1998, Article 2, para. 3 (j), article 14, para. 10, article 56, para. 9.

② U. N. Econ. & Soc. Council, Consultative Relationship between the United Nations and Non-govenmental Organizations, Res. E/1996/31, http://www. un. org/documental/ecosoc/res/1996/eres1996 – 31. htm, 最后访问日期为 2014 年 2 月 5 日。

③ E/RES/1996/31, para. 56 (a – c).

④ Communications of the Secretary – General, Docs. No. 7950, 15 October 1997, paras. 7 – 8.

⑤ http://www. coe. int/t/ngo/particip_ status_ intro_ en. asp.

⑥ Communications of the Secretary – General, Docs. No. 7950, 15 October 1997, para. 6. 最后访问日期为 2014 年 2 月 20 日。

息、文件及意见；努力促进尊重及实施理事会的标准、公约及法律文件；向公众公开自身的动机和成绩及每四年向秘书长提交包含特定信息的报告等。① 美洲国家组织（OAS）在 1999 年大会通过的《关于建立在美洲国家组织常设理事会公民社会组织②参与活动的决议》赋予了非政府组织参与地位，该决议认为只要该组织追求的目标与组织宪章的精神、目标及原则相一致，都可以取得参与地位。获得参与地位的非政府组织可以有参加组织大会的权利、可以作为观察员参加常设理事会及辅助机构的各种会议。③ 同时也要进行问责，如行动要符合组织宪章目标及原则、为组织工作做出积极有效的贡献、每年向秘书长提交报告及保证提交信息的正确性。④

（二）政府间国际组织对国际非政府组织问责构建的作用

两种国际组织通过建立上述模式对构建国际非政府组织问责机制起到了极其重要的作用。

1. 两者互通有互，实现功利目标

两者建立合作关系的首要目标是从功利的角度出发，这种关系的维持有利于双方更加便捷地实现其全球目标。由于国际非政府组织通常具有专业知识，不像政府间国际组织那样官僚化，更加灵活，所以政府间国际组织在实施国际发展援助项目和对外人道主义救助时，经常将任务分包给国际非政府组织来完成，政府间国际组织通过这种关系来利用国际非政府组织在技术及专业方面的特长，为前者提供特定问题的专门信息，从而提高其工作效率；同时，国际非政府组织凭借在动用地方资源方面得天独厚的优势，在政府间国际组织不便的时期为其传送物资。而国际非政府组织与政府间国际组织建立关系所要实现的功利目标在于，一方面，前者可以利

---

① Committee of Ministers, Resolution (2003) 8, *Participatory Status for International Non - Governmental Organizations with the Council of Europe*, 19 November 2003, appendix, para. 9.

② 该组织是用公民社会组织，而不是用非政府组织，根据该决议解释，公民社会组织的外延要大，非政府组织包含在公民社会组织内。CP/RES. 759 (1217/99), *Guidelines for the Participation of Civil Society Organization in OAS Activities*, 15 December 1999, appendix, para. 2.

③ CP/RES. 759 (1217/99), *Guidelines for the Participation of Civil society Organization in OAS Activities*, 15 December 1999, appendix, para. 12.

④ Ibid. , para. 15.

用后者所提供的国际舞台，帮助其实现在国内靠国家不能实现的国际目标，特别是来自一些不注重非政府组织发展建设的国家的非政府组织更注重与政府间国际组织建立这种合作关系，从而也可以利用这个国际大舞台提高自身形象，增强其国际影响力；另一方面，大多数国际非政府组织可以从政府间国际组织那里得到其在国内得不到的财政资助，这种资助不仅仅使自身获利而且也会使自己所处的国家获利，虽然有一些国际非政府组织怕影响自身独立性而拒绝接受来自政府间国际组织的资助。

2. 增加政府间国际组织的合法性及正当性

政府间国际组织是国家按照协议建立起来实现共同利益的组织，所以其合法性来自国家的授权。而根据主权至上原则，政府间国际组织有时会成为实现大国利益的工具。所以，有时政府间国际组织的决策很难反映民众的声音，甚至民众很难真正地了解某一个政府间国际组织。而国际非政府组织恰好弥补了这种缺陷，在政府间国际组织表达民众的声音，通过各种形式影响其决策并反映民众的意愿，而不是仅仅反映国家的意志；反过来，国际非政府组织也可以向公众传达来自政府组织的行动，使公众更能清楚地了解该政府组织，从而在政府间国际组织和民众之间建立良好的互动机制。最后，国际非政府组织不仅通过自身的行动影响政府间国际组织的决策，而且还可以作为其政策的执行者和监督者，从而弥补政府间国际组织的制度缺陷。联合国前秘书长安南在一次报告中指出："公民社会日益增长的影响是指对促进国际合作的进程、激励联合国制度、其他更透明及更具问责性的国际政府间机制、更紧密的国内及国际决策制定及实施做出重大贡献。"① 联合国前秘书长加利认为，非政府组织参与国际组织的活动，是对那些国际组织合法性的一种保障。

3. 赋予国际非政府组织一定的国际法律地位，增强其合法性

按照现行国际法理论，国际非政府组织不具备成为国际法主体的资格。国际法的相应规定应该是国际非政府组织国际法律地位的重要来源，但是目前在国际法范畴内没有任何一部全球性的国际条约对其法律地位有明文规定。所以国际非政府组织就转而求助于政府间国际组织，一些世界性的政府间国际组织，如联合国、世界银行、WTO 等，都有相关的非政

① A/51/950, *Renewing the United Nations: A Programme for Reform, Report of the Secretary - General*, 14 July 1997, Para. 212.

府组织条款或规定，由于这些政府间国际组织本身的普遍性和权威性，这些条款与规定也是非政府组织合法性的依据。① 大量的事实表明，政府间国际组织也通过各种途径赋予国际非政府组织一定的国际法律地位，如联合国的观察员制度，被赋予观察员地位的国际非政府组织可以参加只有会员国才可以参加的大会；20 世纪 90 年代，欧洲理事会把与国际非政府组织的关系改为参与关系；非洲人权委员会与美洲人权委员会都赋予了非政府组织只有国际法主体才享有的直接起诉资格（locus standi）；并且在 1986 年欧洲理事会通过了《关于承认国际非政府组织的法律人格的欧洲公约》等。虽然这些现象大多出现于区域性政府间国际组织，但起码表明了国际社会的这种态度，普遍性的政府间国际组织近年来也有了松动的迹象，如国际法院虽然拒绝给予国际非政府组织直接起诉的资格，但是在 1992 年也对国际非政府组织发起的法律问题发表了一项咨询意见，② 这也是一个很大的进步。这些迹象都表明，国际非政府组织的国际法律地位有了较大的提升。

4. 有利于国际非政府组织自身的建设

两种国际组织建立起的这种由政府间国际组织起主导作用的管制关系十分有利于国际非政府组织自身的建设。每个政府间国际组织在与国际非政府组织建立关系的时候，都设定了一定的条件，如联合国的非政府组织委员会负责对经社理事会提出的条件是否符合要求进行审查；世界银行的国际非营利法国际中心为成员国的国内立法提供建议，为非政府组织的发展提供健康的环境；美洲国际组织规定享有参与地位的国际非政府组织有年度报告的义务；非洲人权委员会规定享有观察员资格的非政府组织承担咨商义务及每两年提交报告的义务；1986 年《关于承认国际非政府组织的法律人格的欧洲公约》里也设定了符合本公约所规定的国际非政府组织的条件等。上述的种种规定都可以为国际非政府组织提供自身建设的标准，对提高自身的代表性及完善问责性都有很重要的作用，只有这样，国际非政府组织才能符合国际法的立法精神及意图，从而逐渐被国际社会所

---

① 王杰等主编：《全球治理中的国际非政府组织》，北京大学出版社 2004 年版，第 27 页。

② 1992 年三个国际非政府组织 The International Physicians for the Prevention of Nuclear War, The International Peace Bureau and The International Association of Lawyers Against Nuclear Arms 发起的，由国际法院做出了 Nuclear Weapons Advisory Opinion。See Ved P. Nanda and David Krieger, *Nuclear Weapons and the World Court*, Transnational Publishers, 1998, p. 70.

接受。

（三）政府间国际组织与国际非政府组织问责构建的缺陷

两种国际组织之间所建立的这种关系虽然在目前起到了较重要的作用，但是综合考察两者之间的关系，还是存在着一定的缺陷。

1. 两者地位不对等，政府间国际组织处于优势

两种国际组织建立的密切联系的最明显缺陷是两者关系不对等，政府间国际组织是在 1949 年 "联合国服务人员赔偿案" 中被确立的国际法主体，而国际非政府组织虽然进行了一个世纪的努力，在一定限度内有些组织被承认为国际法主体，但其并没有获得广泛承认的国际法主体地位，这就导致两者很难建立全面、平等及广泛的联系。政府间国际组织在两者关系中完全处于主导地位，其可以在章程中任意设定条件来决定给予国际非政府组织什么样的关系和权利，国际非政府组织只有严格按照政府间国际组织的相关规定活动及遵守一定的义务，才有可能继续维持两者的关系。政府间国际组织往往会根据其成员国的意愿而慎重考虑这种关系的维持，如 1969 年，苏联质疑国际人权联盟，认为其为 "可憎的组织，并与联合国的原则相违背"。1975 年，世界宗教和平会议在人权委员会上指控叙利亚、埃及、巴基斯坦、菲律宾等国家否定宗教自由，进行宗教迫害。埃及政府立刻表达了对非政府组织滥用言论自由的严重关心，并建议经社理事会重新考虑世界宗教和平会议的咨商地位。1997 年底，俄罗斯、智利、阿根廷在经社理事会上一起谴责人权非政府组织。智利和阿根廷控诉他们滥用咨商地位，怀有政治目的攻击其他成员国。[1] 1999 年，基督教团结国际因与苏丹政府对抗而被取消了咨商地位。2000 年，经社理事会又以 25 票赞成 18 票反对，中止了促进各洲和平协会三年咨商地位，原因是该组织批评了古巴政府。[2] 所以说，某一政府间国际组织的政治色彩越浓，国际非政府组织就越难融入进去。而政府间国际组织对于越来越多的国际非政府组织加入其活动也面临着进退两难的局面：越多的政府间国际组织对公民社会开放，就越难对国际非政府组织通过各种渠道传递的信息加以选

---

[1]　See Jerome J. Shestack, "Sisyphus Endures: The International Human Rights NGO", 24 *New York Law School Law Review*, (1978 – 1979) 115, pp. 115 – 116.

[2]　黄志雄主编：《国际法视角下的非政府组织：趋势、影响与回应》，中国政法大学出版社 2012 年版，第 191 页。

择，也就越难从他们潜在的贡献中获益。

2. 政府间国际组织没有把国际非政府组织真正纳入体系内

在两种国际组织所建立的关系中，政府间国际组织并没有真正地把国际非政府组织纳入其体系中，这主要表现为两者的关系不全面及不正式。两者关系的不全面，主要是指国际非政府组织并没有参与到政府间国际组织的所有机构及领域中，每个政府间国际组织在选择与国际非政府组织建立关系时都将其限定在一定机构或一定领域内进行，而并不是所有的领域及机构。如联合国只规定经社理事会与国际非政府组织建立咨商关系，后者很难参与联合国大会、安全理事会及国际法院的活动。大量的事实也表明，国际非政府组织在人权和环境领域为政府间国际组织提供公共物品的活动要远比在政治和安全领域容易和活跃。在国际司法机构内，除少数区域司法机构及一些准司法机构外，国际非政府组织一般不会享有作为受害人直接起诉的资格，更不用说提起公益诉讼了。两种国际组织建立的关系不正式主要表现为除了在相关协议里面政府间国际组织给非政府组织设定义务之外，政府间国际组织并不承担任何义务，如两者虽然建立咨商关系，但是并没有规定政府间国际组织有咨询国际非政府组织的义务，学术界对是否需要设定这种义务进行了广泛讨论。[1] 相反地，有些政府间国际组织并不主张把国际非政府组织纳入体制里来，除了上述面临对非政府组织的选择困境之外，还有担心建立这样的合作及管制关系会威胁到国际非政府组织自身的独立性。

3. 国际非政府组织发展的不均衡

最早的国际非政府组织主要起源于欧洲，所以该类组织在全球的发展极不平衡，这种不平衡也体现为与政府间国际组织建立关系时，来自发达国家的非政府组织的数量远大于来自发展中国家的非政府组织的数量。当然这首先是由不同国家的发展历史及现行的国内法规制度所决定的，由于发达国家非政府组织的起源比较早，再加上国内的立法比较注重非政府组织的发展及管制，如英国、美国及加拿大等国家有关非政府组织的立法是较完备的。[2] 而发展中国家在主要关注本国经济发展的同时，忽视了非政

---

① 反对将咨询非政府组织作为国际义务的一个理由是：还不存在有约束力的国际规范要求国家在国内立法、行政和司法决策中咨询非政府组织。

② 杨道波、刘海江等译校：《国外慈善法译汇》，中国政法大学出版社 2011 年版。

府组织的发展建议，如中国至今也没有一部主要规制非政府组织的法规。所以说，国家的态度决定着本国非政府组织的发展状况，有的政府间国际组织在决定与某一非政府组织建立联系时，要首先询问其注册国的态度。据统计，即使在政府间国际组织内享有一定地位的国际非政府组织本身发展也不平衡，最主要表现是其男性发言人比例远高于女性。

4. 国际非政府组织的素质有待提高

除了考虑外部环境之外，国际非政府组织自身素质也有待提高。由于国际非政府组织的发展在国际上没有一个固定的标准及有效的规制机制，所以有很大一部分国际非政府组织的素质有待提高。这主要表现在，大多数国际非政府组织往往在行为上表现比较激进，不会理智考虑到事情发展的后果；① 有些国际非政府组织在参与政府间国际组织的活动时，往往容易混淆两者的区别，在行为上激怒政府组织的代表，造成不好的影响。如国际联盟自 1921 年开始与国际非政府组织建立密切联系之后，有些国际非政府组织往往依仗国际联盟的重视，盲目自大，激化了两者的矛盾。而有些非政府组织在自身建设上也有提高的空间，如大部分国际非政府组织不能及时公开其财务报表或者在财务报表中弄虚作假，如在中国沸沸扬扬的红十字会及儿慈会事件，这很容易引起国际社会对其透明度、问责性及代表性的质疑。

三　国际非政府组织对问责机制构建的作用和缺陷

国际非政府组织通过自愿的方式加入各种行为准则，这种准则对其设立的基本条件、所要具备的基本特征、完善内部治理的方式及有效的遵守机制等加以具体的设定，以达到增强问责的目的。如 1995 年《红十字国际委员会、红新月及其他非政府组织参与灾难救助的行为准则》（The Code of Conduct for the International Red Cross and Red Crescent Movement and NGOs in Disaster Relief）及《世界协会非政府组织道德及行为准则》

① 如 1998 年 10 月，环境解放阵线的成员为了保护猞猁狲的栖息地，将美国科罗拉多州的一个滑雪场纵火烧毁，造成 1200 万美元的财产损失；在 WTO 西雅图部长会议召开期间，许多反贸易自由化的非政府组织做出过激的行为，导致会议无果而终；等等。

（World Association of NGOs Code of Ethics and Conduct for NGOs）等。

（一）国际非政府组织通过行为准则增强问责方式的概述

1. 行为准则的定义

行为准则又被称为道德准则（code of ethics）。2008 年的《巴勒斯坦非政府组织行为准则》（The Palestinian NGOs Code of Conduct）明确界定了行为准则的定义，即行为准则是非政府组织在行使职能的框架下遵循的道德及工作行为的标准，它是董事会、行政机构和职员在实现他们的任务时明确的必须遵守的基本规则。[①]《坦桑尼亚非政府组织行为准则》（Tanzanian NGOs Code of Conduct）规定行为准则是为了规范非政府组织的行为及活动的一系列原则、准则，并且通过这一准则规定非政府组织必须具备自愿性、非营利性、非自我服务服务性、非政府性、非党派性及独立性的组织。[②] 可以说，每一种行为准则都从自己的角度界定行为准则的定义，但是囿于每种行为准则所关注的领域不同，每个定义都不是很全面，所以整个行为准则中的规定都有不同的缺陷。鉴于其要实现的目的及宗旨，笔者认为国际非政府组织的行为准则是指为了增强其问责性（accountability）、完善其内部治理及提高外部形象，而规范其行为及活动的一系列原则及规则。

2. 行为准则的类型

根据行为准则约束成员的范围及类型，大致可以分为以下几种类型。国内行为准则（national codes），这类的行为准则只约束在本国范围内行为的非政府组织，如菲律宾、南非、澳大利亚等；区域行为准则（regional codes），约束一定区域内的非政府组织，如欧盟；部门行为准则（sectoral codes）；伞式组织行为准则（umbrella organization codes）；内部行为准则（internal codes）及国际性准则（international codes）等。虽然这些类型的行为准则侧重点各有不同，但是它们之间并不是完全不同的，相互之间也有一定的重复性，如国内的行为准则，也约束在本国范围内行为的国际非政府组织，甚至有的国内行为准则专门设置了国际非政府组织大会，如《坦桑尼亚非政府组织行为准则》（Tanzanian NGOs Code of Con-

---

[①] 刘海江编译：《非政府组织行为准则译汇》，中国政法大学出版社 2014 年版，第 41 页。

[②] 同上书，第 138 页。

duct）第 15 条。由于笔者所关注的是国际非政府组织，所以本书所指的行为准则主要为国际性行为准则，是指在国际范围内对国际非政府组织进行自我约束的行为准则，其中也包括约束国际非政府组织的其他类型的行为准则。[①]

3. 行为准则的目标

不同的行为准则基本上都设置了自身存在的基本目标及宗旨。如《加勒比海非政府组织良好行为准则》（Code of Good Conduct for Caribbean NGOs）在序言中明确规定该行为准则主要关注非政府组织的内部治理、不同层次间非政府组织的关系及其问责性;[②]《乌干达非政府组织行为准则》（The NGO Forum Generic Code of Conduct）在序言中也规定本行为准则的主要目的是规范非政府组织的内部行为、为其提供自我约束的规则;[③]《红十字国际委员会、红新月及其他非政府组织参与灾难救助的行为准则》也首先限定了本准则的主要目的是规范自身行为，提高其成员在进行灾难救助时的独立性、有效性及效果;[④]《坦桑尼亚非政府组织行为准则》（Tanzanian NGOs Code of Conduct）第三部分也把提高非政府组织的透明度及问责性作为本行为准则的主要目标;《国际非政府组织问责宪章》（The International Non – Governmental Organizations' Accountability Charter）主要关注国际非政府组织的问责性等。[⑤] 由此可以看出，这类行为准则的主要目标就是通过对非政府组织的基本特征加以界定，然后对其内部治理，比如设定其成员的权利义务并规定如何提高其问责性，从而达到非政府组织自我约束的目的，以期提高其国际影响力，从而更好地在国际法及国际治理领域中发挥作用。

（二）国际非政府组织行为准则的作用

毫无疑问，行为准则发挥了极其重要的作用，但是也存在着有待完善的先天缺陷。

---

① 笔者在 2014 年 3 月出版的《非政府组织行为准则译汇》中把各类行为准则分为国内、区域和国际三种类型。

② 刘海江编译：《非政府组织行为准则译汇》，中国政法大学出版社 2014 年版，第 184 页。

③ 同上书，第 149 页。

④ 同上书，第 236 页。

⑤ 同上书，第 230 页。

1. 完善其规制方式

国际非政府组织的法律管制主要依靠其注册国法律及行为地国法律，但是一旦这两类国家的法律制度出现瓦解，非政府组织就面临着规制真空（vacuum of regulation），而这一类行为准则就会弥补这一缺陷。即使有的国家的国内法律制度没有瓦解，但是也会存在对非政府组织的规制缺失或削弱的状况，行为准则同样起到了规制的作用。除此之外，国际非政府组织在国际法领域内缺失国际法律地位，在国际法范畴内就很难对其实施规制，虽然存在着少量国际条约及大量政府间国际组织对其进行规制约束，但是由于这些方式也存在着各种各样的缺陷，非政府组织间的行为准则恰好弥补了这种缺陷，起到了完善非政府组织法律规制的作用。

2. 完善内部治理

如前所述，大多数行为准则都把完善非政府组织的内部治理作为其目标之一。实践证明，这种规定确实对完善非政府组织内部治理起到了非常重要的作用。大多数行为准则对非政府组织的基本特征加以界定，使其在设立之初就符合非营利性、非政府性、组织性及合法性特征，这不仅有利于非政府组织自身建设，而且还有利于增加公众对其的信任度。有的行为准则通过规定其成员的年度报告义务，增加了该组织的透明度，使公众能清楚地了解该组织的资金来源及支出，提高了其社会的总体信任度。另外，这种报告制度也构成了公众与之交流的平台，公众可以对其公布内容的真伪性及有效性进行判断并加以评价，从而督促该组织不断提高自己的专业能力及业务水平，使之更加符合程序、更加有效。除此之外，该行为准则还可以增强其内部黏合力（internal cohesion），使其职员、成员及利益相关者之间的关系更加融洽，目标更加统一。有的捐赠人在向某一慈善组织捐赠的时候，就把该组织是否已经加入某一行为准则作为捐赠的一个必要条件。

3. 完善其问责性

增加国际非政府组织的问责性是行为准则设立的主要目标之一，这也是近年来国际社会对国际非政府组织问责性的考量不断增加所导致的。非政府组织的问责性是一个比较复杂的问题，其主要包含以下问题：组织的治理、财政的完整性及透明度、组织的信赖性及能力、实施有效性、倡议有效性、对利益相关人的信息知情权及对申诉人的有效回应等。① 在非政府组织的发展过程中，能够及时公布其财政状况的非政府组织数量很少，很多比较有影响力的国际非政府组织就不公布其财政报告，如国际特赦组织。这就会使公众对其资金的来源及支出产生怀疑，如近期公众对中华儿慈会财政状况的质疑。即使有的国际非政府组织公布其财政报告，公众又如何判断其真伪性呢？所以，这类行为准则通过增加其问责性促使非政府组织对其管理者、捐赠人、受益者及其他利益相关者负责，完善其问责制度。

4. 增强其国际影响力

由于国际非政府组织的国际性特征，其关注的是国际视野进行跨国的活动。其在不同的国家行为的时候，由于公众对其目标及行为不理解，也会造成其活动有效性降低或者很难进行下去的困境。而加入该类行为准则，通过对自身内部治理及外部问责性的提高，有利于增加公众对其信任度及了解度的增加，从而有利于提高其国际影响力。这不仅会使相关国际非政府组织在某一国家行为时较为容易实现其目标，也有利于其与国家及政府间国际组织开展各种合作，获得一定的国际法律地位。

（三）国际非政府组织行为准则的缺陷

国际非政府组织的行为准则大多出现在 20 世纪后期，起步较晚，多不可避免地存在着当时国际环境造成的缺陷。

1. 数量较少

国际非政府组织行为准则需要多种因素的共同作用才能缔结，主要包括国家的影响及国际非政府组织本身素质的提高。如果一个国家比较重视非政府组织，进行鼓励扶植或加强管理，这样在一个国家内部出现行为准则的概率就较大，如澳大利亚、菲律宾、南非、美国、加拿大及日本等这些国家对于非政府组织及在本国行为的国际非政府组织较为重视，国内立法也较为完善，而有一些国家对于非政府组织的重视较晚，其国内相关立法也较为缺乏，如中国，行为准则在中国的发展就较为缓慢。另外影响行为准则发展的一个因素是国际非政府组织本身的素质，大多数行为准则从

---

① 　Jane Nelson, *"The Operation of Non – Governmental Organizations in a World of Corporate and other Codes of Conduct"*, Corporate Social Responsibility Initiative, Working Paper, No. 34, 2007, p. 20.

基本条件、内部治理及实施机制对国际非政府组织做出了比较详细的规定，而有些国际非政府组织要么本身的建设及治理不符合要求，要么担心加入该类行为准则会受到太多管制而失去对立性，再加上公众对其自身规制的要求不高，上述种种因素造成了行为准则数量较少的局面。另一个缺陷就是这些行为准则大多数是某个国家内的非政府组织进行约束，而对于在该国行为的国际非政府组织或者在整个国际层面对国际非政府组织进行自我约束的行为准则数量较少，虽然有的国内行为准则里有约束在该国行为的国际非政府组织行为的条款，但囿于该行为准则的自愿性质，操作性不强，国际非政府组织有可能需要加入一系列行为准则，这就有可能成为其在某一主权国行为的一个障碍。在国际层面，这类的行为准则数量更少，并且大多出现在国际人道主义救助领域，如红十字国际委员会行为准则、应对艾滋病行为准则等，但即使这一类的行为准则的规定也不是很完善，如《红十字国际委员会、红新月及其他非政府组织参与灾难救助的行为准则》只设定了一些原则，《国际非政府组织问责宪章》只是针对其问责性治理，都是相对比较片面及比较笼统的规定。

2. 自愿性质

这类行为准则的另一个内在缺陷是其本身的自愿性质（voluntary nature），即相关非政府组织加入这类的行为准则完全自愿，没有任何强制性措施使其加入该行为准则，这就造成该行为准则的实施力度不强，如果该准则设置的内容稍微严格一些，就有可能造成没有相关组织加入的局面。影响相关国际非政府组织加入行为准则的因素主要有国际非政府组织的自我约束觉悟，除非该组织章程里面有该内容的相关规定，有此觉悟的非政府组织较少；相关行为准则的声望及可信度，有关非政府组织出于声望的考虑或功利因素加入某一行为准则，如有的捐赠人在实施捐赠的时候，就限定了以该组织加入某一行为准则为获得捐赠的一个必备条件，澳大利亚政府就规定只有加入《澳大利亚委员会有关国际发展的行为准则》的非政府组织才可以申请澳大利亚政府捐助资金；而有的政府也把免税或减税作为促使非政府组织加入行为准则的一个条件，如菲律宾及巴基斯坦的非政府组织就因为加入了该国非政府组织行为准则而享有免税资格。

3. 规定模糊

这类行为准则由于数量众多，每一种行为准则都从本国或者本领域的基本情况出发，为了实现不同的目标，对行为准则设置不同的规定，这就造成了标准不统一，相关规定模糊。如《红十字国际委员会、红新月及其他非政府组织参与灾难救助的行为准则》的规定仅为一般性的原则规定，对如何实现其宗旨目标都没有具体的规定，使签署者在加入该行为准则时不清楚要实现何种目标；有的行为准则只是笼统地规定签署者应对公众及利益相关者负责，而没有列举利益相关者的范围，如菲律宾国内行为准则；有的行为准则中仅仅规定要完善签署者的问责性，殊不知问责性是一个比较复杂的问题，删除不设置具体标准是很难达到目标的。行为准则规定模糊的另一个表现是在国际社会没有统一的国际标准，比如问责性，向谁问责及实现的方式是什么？相关国际非政府组织在加入行为准则的时候面临着注册国行为准则、行为国行为准则及国际行为准则，这些准则的规定各有不同，设置的标准也各不相同，这直接导致行为准则的实施困难。

4. 实施机制的缺失

国际非政府组织自我约束方式的另外一个缺陷是其缺少有效的实施机制。出于行为准则实施成本的考虑，各国对实施机制的设定各不相同。相当多的行为准则根本没有涉及实施机制，如孟加拉国、菲律宾、美国、南非、欧盟及红十字国际委员会行为准则等；有的行为准则要求签署成员自我认证（self - certification），如印度、加拿大、马其顿王国及非政府组织应对艾滋病行为准则等，这些签署者对自身行为是否符合行为准则进行自我评估，向有关部门提交报告；有的行为准则适用第三方认证机制（third party certification），如澳大利亚、巴基斯坦及美国马里兰州等。虽然有些国家的行为准则涉及了实施机制，但是对其成员的遵守机制的规定较为模糊，大多数不会对成员是否遵守行为准则进行主动的审查，而只有在受到关于遵守问题的投诉时，才会展开调查。即使进行调查之后，大多数的行为准则并没有对违反该行为准则的成员的惩罚机制的设定，即在什么情况下成员资格会被中止及终止，如博茨瓦纳、柬埔寨、非政府组织应对艾滋病行为准则、印度及欧盟等。除此之外，对于其成员的行为是否符合行为准则，也缺少相关报告制度及监督制度作为实施机制的保障。如果缺乏行之有效的实施机制，那么实现该行为准则的目标和发挥非政府组织自我约束的作用将十分困难。

本 章 小 结

本章主要对现有的国际法治视野内加强国际非政府组织问责的方式进行总结、类型化并分析优劣点。首先,鉴于国家在国际法中的首要主体地位和发挥的角色,其应该作为对国际非政府组织问责进行约束的首要行为体,主要依靠国内立法和签署国际条约这两种方式进行,其中国内立法是最常见的一种方式,基本上每个国家都有规制国际非政府组织的法律与规章制度,但是每个国家的相关立法由于国与国之间的差别而有所不同,并且在问责形式上,英美法系国家主要偏重于对非政府组织的内部问责,而大陆法系国家主要偏重于对非政府组织的外部问责。在缔结条约方面,并没有出现统一的、全球性的对国际非政府组织问责发挥积极作用的国际条约。虽然这些条约对非政府组织的问责起到的作用还不是很大,并且存在着各种缺陷,但是聊胜于无,并且必将会朝着好的方向前进。除了国家之外,以联合国、世界银行、WTO 为典型代表的政府间国际组织在增强国际非政府组织问责方面也发挥着不可小觑的作用,他们通过观察员、咨商关系、参与关系赋予国际非政府组织权利和义务,一方面,可以使两者互通有无,实现各自的目标;另一方面,可以通过这些方式增强非政府组织的问责,并有一定的实施机制,对不符合条件的非政府组织进行惩处,正如戴纳·布雷克曼·瑞瑟(Dana Brakman Reiser)和克莱尔·R. 凯利(Claire R. Kelly)认为国际组织是在国际法领域弥补非政府组织问责缺陷的"守门人"(gatekeeper)[1],政府间国际组织在增强国际非政府组织问题上发挥着非常积极的作用。但是由于两者之间国际法律地位的不平等,国际非政府组织只能处于附属地位,所以这种问责方式也存在着一定的缺陷。内因永远是决定事物发展的主要原因,国际非政府组织在发展的过程中,越来越注意到增强自身问责的重要性,所以通过缔结与签署各类行为准则和道德准则增强自身的问责逐渐成为一种潮流。国际非政府组织通过这种方式,对自身的使命、组织、财务、人力资源、利益冲突、争端的解

---

[1]   See Dana Brakman Reiser and Claire R. Kelly, "Linking NGO Accountability and the Legitimacy of Global Governance", 36 *Brook. J. Int'l.*, (2010 – 2011) 1011, pp. 1011 – 1073.

决等做出了相对有效的规定，从而对非政府组织的问责发挥了一定的积极
作用。但是囿于国际非政府组织国际法主体地位的缺失，这类的行为准则
仅为"软法"性质。再加上此类行为准则的自愿性质，对相关国际条约
不具有强制性，囿于各类非政府组织的发展状况良莠不齐，所以这种行为
准则不具备普遍适用性。除此之外，这类行为准则的自愿性使其缺少有效
的实施机制。因此这类问责方式也有一定的缺陷。总之，虽然在国际法治
视野内，上述三种问责方式各有各的缺陷，但是在没有出现更为有效的方
式之前，这些方式仍然发挥着积极的作用。

第五章

国际法治视野内国际非政府组织
问责机制构建的设想

一 国际法治视野内国际非政府组织
问责机制构建途径设想

由于在国际法治视野内考察国际非政府组织的问责是一个较为复杂的过程，要使国际非政府组织能够顺利地发挥在国际法治进程中参与者和促进者的作用，具备一个有效的问责机制是非常重要的。但是鉴于国际法治独特的内涵和国际非政府组织的自身特点，立即构建出一个较为有效的国际非政府组织问责机制的可能性是很小的。笔者认为目前构建国际非政府组织问责机制最为有效的方式是在充分利用目前问责机制的基础上，逐渐向缔结国际条约的方式进行过渡。

（一） 充分利用目前的问责机制

如前述章节中分析目前存在的三种在国际法治视野内对国际非政府组织的问责方式，可以看出国际社会已经认识到国际非政府组织在国际法治进程中所起到的作用，并且在与其建立合作联系、进行问责方式的构建方面做出了努力，虽然这些问责方式有其自身的缺陷，但毕竟有其先进性，聊胜有无。为了把国际非政府组织纳入国际法治轨道，在国际良法和全球善治中更好地发挥作用，首先要做的是充分利用并完善目前存在的问责机制，做到这一点需要来自以下各行为体的努力。

1. 国家

国家是国际社会的主要行为体，在面临与国际非政府组织的关系时，往往一方面乐于享受国际非政府组织在自己不能或者不愿触及的领域所带来的成果，而另一方面又往往害怕国际非政府组织过于活跃难以加以规制，所以迟迟不愿承认国际非政府组织的法律地位。这种做法是有失偏颇的，在国际法领域承认国际非政府组织的法律地位，把其纳入法治轨道，是为了使其更好地发挥作用。由于国际非政府组织的主要行为地是在国家领土范围之内，当务之急是在国内法层面上承认其法律地位，发展中国家要向发达国家学习并借鉴其立法及实践，如中国目前与在华国际非政府组织产生联系的唯一一部法规是《基金会管理条例》，但这部法规存在严重的时效缺失问题，国际非政府组织利用这部法规在中国行动是很难的，同样，中国利用该法对在本国范围内进行活动的国际非政府组织进行问责也是远远不够的。相比之下，发达国家在这个方面要完善得多，如英国的《慈善法》对国内及国际的非政府组织从注册到行为作了近乎完美的规定。除国家要完善国内法规之外，国家还应积极加入及修改相关国际条约，对于其中用词模糊的地方加以修正，并与其他国家开展广泛合作，建立全球与区域性的合作机制与保障机制，能够保证国际非政府组织在全球范围之内进行活动的时候，有一套完善的国际法及国内法规为其"保驾护航"，这也有利于促进国际行为体之间的通力合作，为建立更加和谐社会做出更显著的贡献。

　　2. 政府间国际组织

　　在现存的政府间国际组织与国际非政府组织合作的模式中，可以看出政府间国际组织占主导地位的，在两者之间的关系中是高高在上的。国际非政府组织以什么样的身份加入与政府间国际组织合作的关系中，完全取决于政府间国际组织，这也是两者之间关系不对等的表现。而两者之间有着千丝万缕的"同源"关系，最起码有的政府间国际组织就是国际非政府组织发展而来的，如国际邮政联盟。所以，国际非政府组织在与政府间国际组织现有的合作模式基础上，应该向某些区域性国际组织学习，加大符合条件的国际非政府组织的参与权和话语权。如国际非政府组织在与联合国的合作关系上，咨商关系仅仅存在于与经社理事会之间，而与安理会之间除了个别国际非政府组织获得"观察员"资格地位①之外，两者之间并没有咨商关系的存在。对于在经社理事会享有咨商地位的各非政府组织而言，其话语权也存着区别，有的甚至不享有话语权。除此之外，国际非

---

　　① 如红十字国际委员会、马耳他秩序及国际奥委会。

政府组织在全球各个司法机构所享有的地位也是不同的，在全球性的司法机构中根本没有参与资格，如国际法院；在其他区域性的司法机构也情况迥异，如有的要求国际非政府组织具有受害人资格，有的允许作为"法庭之友"等。国际非政府组织在遇到争端需要维护权利的时候，大多只能诉诸仲裁等准司法途径。所有领域的政府间国际组织的最终宗旨都是为了国际社会和平、稳定及发展，而国际非政府组织的最终目的也是如此。笔者相信，政府间国际组织通过加强与国际非政府组织合作，对其问责性进行构建必将会受益匪浅，更有利于宗旨及目标的实现。

3. 国际非政府组织

内因总是大于外因。为了自身能够在国际社会得到广泛认可，获得国际法律地位，仅仅依靠国家与政府间国际组织的努力是远远不够的，最重要的仍是国际非政府组织自身的努力。虽然近年来国际非政府组织为提高自身合法性及问责性，也做出了不小的努力，如规范自身章程，加强内部管理。也与其他国际非政府组织合作，建立自身行为准则约束机制，但是这种约束机制需要发展及完善，这种完善不仅体现在措辞的使用，还体现在自身保障机制的建立，做到"有法可依"及"有法必依"。除此之外，国际非政府组织在自身能力及兴趣范围内应该积极寻求与国家及政府间国际组织的合作，尽可能地让自己的身影出现在国际舞台，并得到广泛认可。一方面，要积极寻求自己在普遍性国际条约中的法律地位，努力找出自身存在的国际法律依据；另一方面，充分利用与政府间国际组织合作的现存模式，努力提高自身参与国际事务的能力，在合作的同时努力保障自身独立性，从而完善自身问责性。

（二）亟须出现国际条约作为国际非政府组织问责机制构建的最有效方式

在前述章节分析的三种对国际非政府组织的问责方式中，存在区域性国际条约对非政府组织直接约束的模式，虽然目前这种约束机制存在用词不严谨、加入国较少、影响力只体现在区域范围之内等缺陷，但可以看出国际非政府组织通过国际条约进行问责机制构建的希望，可谓是"星星之火，可以燎原"，已经到了出现一部构建国际非政府组织问责机制的国际条约的最好时机。虽然目前建立这种条约还面临着种种困难，如国际非政府组织国际法律地位的缺失，但是我们必须明确认识到国际法是处于不断发展中的，其主体在历史的发展中已经经历了文明国家、国家、国际组织及争取独立民族这样一个轨迹，可以预见，此主体的范围必将继续发展下去，事实也向我们证明，国际非政府组织在国际人权法及国际环境法领域已经起到了主体的作用。因此已经具备了通过国际条约对国际非政府组织的问责机制进行构建的必要性与可行性。在此种条约中应该对国际非政府组织的概念、法律地位、权利义务的赋予、核准制度、奖惩制度等都加以明确的设定，这样才能使国际非政府组织真正加入到国际法治进程中，更好地与国家和政府间国际组织相互作用，相互制约，共同在全球治理中发挥应有的作用，我们的社会才有可能更和谐，才更有利于和平与发展。笔者的这一想法并不是孤立的，已经有许多中外学者提出了建立此种统一国际条约的建议。如何志鹏教授认为国际法治的标准至少包括在一个超越国家疆界的地理范围内，订立完善统一的规范，执行共同的规则，遵从共同的约束，构建共同的法律价值观念，营造共同的生活理想。① 丽莎·乔丹（Lisa Jordan）指出未来的国际非政府组织部门的问责面临四个主要挑战：需要更为客观的评估，需要更多利益相关者的参与，需要更为健全的投诉和补偿机制，以及部门自身需要更为主动的方法应对问题。②

二　通过国际条约对国际非政府组织问责机制进行构建的可行性

由于目前进行讨论的国际法治主要是指国际法之治，所以如果把国际非政府组织纳入国际法治轨道，就要承认其具备国际法主体的资格，因为国际法律人格是决定国际非政府组织享有国际权利、承担国际义务、享有豁免权及参与国际诉讼的关键。通过国家、政府间国际组织、国际非政府组织及理论学者近百年的努力与探索已经证明国际非政府组织具备了成为国际法主体的条件，也就具备了通过缔结国际条约对其问责机制进行构建的可行性。对于取得国际法主体资格的条件，国内外学者基本上都认为，

---

① 何志鹏：《国际法治：一个概念的界定》，载《政法论坛》2009 年第 4 期，第 81 页。

② ［美］丽莎·乔丹、［荷兰］彼得·范·图埃尔主编：《非政府组织问责：政治、原则与创新》，康晓光等译，中国人民大学出版社 2008 年版，第 196 页。

作为国际法主体应能够独立参与国际关系、直接享有国际权利和承担国际义务与具备独立提起与参与诉讼的能力。① 下面就结合国际非政府组织在国际法及国际治理中的实践对具备国际法主体资格这一可行性一一加以论证。

(一) 国际非政府组织具备独立参与国际关系的能力

国际非政府组织已经成为国际社会的又一主要行为体，积极地协调与其他国际社会行为体的关系并且在国际治理的各个领域发挥着重要的作用。国际非政府组织与国家精诚合作共同参与国际治理，如在国际和平与安全领域，国际禁止地雷运动组织倡导与说服国家参与缔结《渥太华禁雷公约》；在国际经济发展领域，国际非政府组织在国家进行扶贫救助，如国际乐施会在中国及非洲个别国家进行的发展项目的活动；在环境治理领域，国际非政府组织促成《濒危野生动植物种国际贸易公约》的制定与实施；在人权领域，红十字国际委员会在全球 80 多个国家开展人道救援活动；在争端解决领域，国际非政府组织在国家陷入谈判僵局的时候进行斡旋与调停等。同时，通过以上分析，我们得知国际非政府组织与政府间国际组织建立了和谐而稳健的关系，如联合国赋予红十字国际委员会观察员资格、给予数千个国际非政府组织咨商地位；美洲国家组织及非洲联盟也做出了相应的举动。由此可见，国际非政府组织已经成为一种十分重要的国际行为体，并与其他国际行为体保持良好的关系。并且，国际非政府组织在参与国际关系时，一方面与国家、政府间国际组织搞好关系，另一方面时刻注意保持其独立性。虽然国际非政府组织可以获得国家与政府间国际组织的资助，但要争取做到账务公开，增加透明度。如果其丧失独立性，也就丧失了成为国际非政府组织的资格，如国际特赦组织在行为过程中，就对保持自身独立性格外谨慎，拒绝接受来自政府的资助。实践表明，国际非政府组织具备独立参与国际关系的能力。

① 采取这些观点的有：［英］伊恩·布朗利：《国际公法原理》，曾令良、余敏友等译，法律出版社 2007 年版，第 55 页；［德］沃尔夫刚·格拉夫·魏智通主编：《国际法》，吴越、毛晓飞译，法律出版社 2002 年版，第 208 页；王铁崖主编：《国际法》，法律出版社 1995 年版，第 46 页；周忠海主编：《国际法》，中国政法大学出版社 2004 年版，第 159 页；等等。

（二）国际非政府组织具备直接享有国际权利承担国际义务的能力

国际非政府组织直接享有国际权利及承担国际义务的能力是毋庸置疑的，现存的不少国际条约及协定就可以对这一能力加以论证。我们且不说红十字国际委员会与各个国家签署的协议里所享有的豁免权利等，我们只说为国际非政府组织的存在提供国际法合法性的组织权，就广泛存在国际条约中，如《世界人权宣言》第 20 条及第 23 条第 4 款、[①] 《经济、社会和文化权利国际条约》第 8 条第 1 款及《公民权利和政治权利国际条约》第 22 条等；除此之外，在环境领域国际条约里面所规定的环境知情权，如 1998 年《奥胡斯公约》第 1 条、《生物多样性公约》第 13 条及《气候变化框架公约》第 6 条等；《联合国宪章》第 71 条及《建立世界贸易组织的马拉喀什协定》第 5 条规定了国际非政府组织的咨商权；《欧洲人权公约》第 25 条规定了国际非政府组织的申诉权等。在承担国际义务方面，《联合国人权保卫者宣言》第 18 条第 2、3 款直接规定了国际非政府组织为实现个人权利和自由应该承担的责任、《消除一切形式种族歧视国际条约》第 4 条要求一切组织遵守法律的义务及联合国经社理事会要求的取得咨商地位的国际非政府组织所应该承担的国际义务[②] 等。区域条约《关于承认国际非政府组织的法律人格的欧洲公约》更是直接规定了国际非政府组织享有的权利及承担的义务。

（三）国际非政府组织具备独立提起与参与国际诉讼的能力

国际非政府组织参与国际诉讼的方式主要有两种，即直接方式（locus standi）和间接方式（法庭之友，amicus curiae）。直接方式的典型案例为 1985 年绿色和平组织（Greenpeace）与法国因"彩虹勇士号"案协议提交仲裁从而获得法国 800 余万美元的赔款；再者 1998 年生效的《欧洲人权公约》规定了非政府组织直接向欧洲人权法院提起诉讼的权利，美洲国家组织及非洲联盟也做出了类似的规定。间接参与国际诉讼的方式

---

① 第 20 条规定"每人都享有自由集会及结社的权利并不得迫使任何人加入某一组织"；第 23 条第 4 款规定"每人享有为自己利益组织和加入工会的权利"。资料来源：http：//www. un. org/chinese/work/rights/rights. htm，最后访问日期为 2014 年 3 月 8 日。

② 联合国经社理事会主要是对取得咨商地位的国际非政府组织在目标、能力、总部、章程及问责性等方面做出要求。

即"法庭之友"。"法庭之友"起源于罗马,其最初应用于争端方以外的第三方因对争端案件有重大利益关系,而主动或者应法庭之邀向法庭提交意见书的行为。这一制度在国际诉讼程序中也得到了广泛应用,除了国际法院,其余的国际司法组织一般都规定了国际非政府组织作为"法庭之友"提交意见书的诉讼程序。在大多数情况下,国际非政府组织代表的是公共利益(public interest)。如在刑事领域,前南斯拉夫刑事法庭及卢旺达刑事法庭都有这方面的实践;在国际贸易领域,国际非政府组织作为"法庭之友"参与 WTO 争端解决机制在近年更是频繁,从 1993 年"海虾—海龟案"被动接受"法庭之友"意见书到 1998 年"欧共体—石棉案"主动接受意见书,我们就足以看出国际非政府组织作为"法庭之友"参与国际诉讼程序的力量与能力。

由此可见,国际非政府组织成为国际法主体已经是必然趋势,国际法主体的范围也必然是沿着"文明国家"、国家、政府间国际组织、争取独立的民族、国际非政府组织及个人这样的顺序发展,① 随着国际社会的发展及需要,也可能会出现其他种类的国际法主体。所以也就具备了通过国际条约对国际非政府组织的问责机制进行构建的可行性。

三　以国际条约建构国际非政府组织问责机制的具体制度设计

(一)通过国际条约对国际非政府组织问责机制构建坚持的理念

国际非政府组织问责最有效的机制是什么?国际法律体系并没有给出答案,必须到法律体系之外寻求标准和尺度。如果不坚持正确的指向,这种机制将会仅仅是一个空壳,而没有伦理内涵,所以在这种机制的建设和运行的过程中需要坚持一定的理念作为价值观的指引。具体而言,通过国际条约对国际非政府组织问责机制的构建需要坚持以下理念。

1. 人本主义理念

第二次世界大战以来,以《联合国宪章》为代表的一些国际条约,

---

① 个人在一定限度内也可以作为国际法主体,[美]托马斯·伯索特尔、肖恩·D. 墨菲:《国际公法》,法律出版社 2004 年版,第 1—3 页。

把人权原则作为国际法规范制定的价值导向。如《联合国宪章》的序言中所述："豁免后世再遭今代人类两度身历惨不堪言之战祸，重申基本人权，人格尊严与价值，以及男女大小各国平等权利之信念。"传统形而上学的国家理论向社会告知国际法主要是处理国与国之间关系的法律。但是国际法应该是以人为基础、为人服务的。[1] 没有人就没有国家、没有国际关系，也就没有国际法。[2] 在传统的国际法理论背景下，人没有主体地位，非政府组织也没有主体地位。但是人、人的存在、人的生存状态、人的愿望与需求是人类社会的一切思想、行为、制度体系的起点、原因与归宿。[3] 国际社会可以在立法模式上更符合人的要求、在立法精神上更关注人民、在立法内容上更体现人权，在法律操作的过程中不是拘泥于现有规定或是考虑国家之间政治力量的角逐或军事力量的平衡，而是更多地从人的幸福与发展出发去解决问题。[4] 所以，由此看来，随着全球化的发展，传统意义上以服务于国家利益为主要目标的国际法面临着"人本主义"理念的冲击，要求国际规范的主要存在价值是体现人的尊严与需要。"人本"观开始冲击主权观，成为国际法发展的价值导向之一。[5] 作为在国际法治视野内增强国际非政府组织问责的主要的全球性、普遍性国际条约，更是要坚持"人本主义"理念，国际非政府组织作为独立于国家及政府间国际组织、代表广大民众意愿的独立实体，在该公约中更是要注重以人为本，把这一时代个体所追求的基本的、普遍的自由和利益放在这一公约设置的首位。具体而言，"人本理念"要求在通过国际条约增强国际非政府组织问责时：（1）尊重和坚持国际社会所承认的人权；（2）最大限度地使所有受到国际非政府组织行为影响到的人参与进来，使他们对国际非政府组织的活动、实施和评估负责，并鼓励和帮助人们自我依赖和发展；（3）尊重土著知识，尊重个人的尊严、身份、文化、信仰和价值目标；

---

① 何志鹏：《人的回归：个人国际法上地位之审视》，载《法学评论》2006 年第 3 期，第 62 页。

② 同上。

③ 何志鹏：《国际法治：一个概念的界定》，载《政法论坛》2009 年第 4 期，第 75 页。

④ 何志鹏：《人的回归：个人国际法上地位之审视》，载《法学评论》2006 年第 3 期，第 63 页。

⑤ 肖永平、袁发强：《新世纪国际法的发展与和谐世界》，载《武大国际法评论》（第十一卷）2010 年第 1 期，第 14 页。

（4）寻求促进性别平衡和平等，努力保证在所有活动中妇女的平等参与；

（5）尊重国际非政府组织的自治、独立和多样性。

２．可持续发展理念

可持续发展理念是源自国际环境法的一个基本原则，主要指在发展的过程中要注意到同时代的人之间的公正待遇、不同时代人之间发展的公平及人与不同物种之间的公平。可持续发展的理念已经成为制定国际条约和形成国际判例时的一个必备考虑因素，可以说其已经上升到国际法基本原则之列。而国际非政府组织在国际法领域中对践行可持续发展所起到的作用是显而易见的，特别是在国际环境及经济发展领域。正如何志鹏教授在探讨可持续发展的国际法保障时提出要扩大国际非政府组织的参与，认为各种国际非政府组织在监督各国履行其国际可持续发展义务方面，由于其活动范围的跨地域性、活动方式的多样性等特点，可以向国际制度体系提供极其广泛的服务。[①] 而在制定该统一国际条约的过程中，也要考虑到国际非政府组织在国际法中的可持续发展，一方面能为其发展创建一个灵活及宽松的社会大环境；另一方面又不会太过于灵活而失去对其的管制与约束，从而促使其更好地发挥作用。国际非政府组织应该在需要的时间内持续存在，并且能够在地方为建立可持续存在的组织提供长期支持。他们应该致力于保证社会、政治和经济条件和谐地改善，并且不能威胁到共同体中他人和后代的机会。在实现其目标的过程中，应该以可持续和谨慎的态度使用自然、人力和知识产权资源、物质和财务资源，要考虑到当代和后代的需要。在短期的救济情况下，国际非政府组织应该保证当危机结束时，他们的活动不会阻碍当地组织或者其他行为者的接管。除此之外，在该公约中除了规定国际非政府组织针对目标群体而进行的活动应该在促进可持续发展的基础上进行之外，应该设置维持国际非政府组织与其他行为体之间共同尊重、支持、平等、信任和诚实与严格明确角色和责任基础上的可持续发展合作关系的义务，如与政府的关系，要求国际非政府组织为了实现可持续发展的目标积极寻求与政府的合作，在国家进行的项目中发挥补充的角色，与政府及时互换有关社区发展、合作及目标的信息、意见和建议；积极寻求与增强与政府间国际组织之间的关系，使两者之间现存

[①] 参见何志鹏、孙璐《可持续发展的国际法保障》，载《当代法学》2005 年第 1 期，第 23 页。

的关系和合作安排在地方和国家层面上保持活力和建设性；通过排除非政府组织之间的冲突、不正当竞争、争吵、不和与对抗，在共同理解的基础上巩固非政府组织部门之间的团结，持续地在非政府组织之间提供促进活动标准、共同学习、经验交流的机会，在不威胁到自身整体性的基础上，寻求与其他国际非政府组织就有关全球问题的共同合作，并把这种合作作为监督和评估的标准；在共同信任和尊重的基础上主动与捐赠者建立良好关系，向捐赠者精确地叙述展示自己组织的使命和目标，并且按照各自组织的目标和使命以正确的方式使用捐赠物；国际非政府组织在有益于实现自己目标的情况下与营利公司签署合作协议，并且不威胁组织的独立和自我控制；在寻求发展的过程中尊重作为利益相关者和交流渠道的媒体，并寻求一切与媒体、私人部门和各社会团体合作的机会，致力于达到最理想的合作模式。

3. 和谐共存理念

在当代的国际关系理论中，已经经历了从权力政治理论到相互依赖理论的演变。20 世纪，汉斯·摩根索（Hans Morgenthau）在其著作中指出："国际政治，像一切政治一样，是追逐权力的斗争。无论国际政治的终极目标是什么，权力总是它的直接目标。"[①] 该种理论认为，各国在权力的支配下对国家利益的追求决定着各国的外交政策。在冷战结束之前，罗伯特·基欧汉（Robert O. Keohane）和约瑟夫·奈（Joseph S. Nye）在《权力与相互依赖——转变中的世界政治》中就提出了相互依赖理论，认为国际社会的行为体之间是相互影响和相互依赖的，这种理论适应了全球化的事实。中国领导人在世界会议上顺应全球化的潮流，提出了构建"和谐世界"的提议。"和谐世界"的主要特征为：（1）国家安全有最低保障；（2）和平有秩序和规则保障；（3）国际合作将在深度和广度上发展；（4）容忍多元性和多元文化价值观，并以开放的态度看待彼此的差异和融合。[②] 在现行的国际法理念下，国际社会行为体具有等级秩序，国家占据首位，国家在国际法中享有完全的行为能力，国际非政府组织虽然作用在日益扩大，但仍然处于从属地位。这种状态的存在确实阻碍了国际非政

---

　　① ［美］汉斯·摩根索：《国家间政治——寻求权力与和平的斗争》，徐昕等译，中国人民公安大学出版社 1990 年版，第 38 页。

　　② 肖永平、袁发强：《新世纪国际法的发展与和谐世界》，载《武大国际法评论》（第十一卷）2010 年第 1 期，第 29 页。

府组织的发展，国际非政府组织在国内及在国际上的发展无不依靠国家的许可和授权，国家往往出于霸权及国际利益的考虑阻碍国际非政府组织的发展。所以，在该统一国际公约的构建过程中，虽然国际行为体之间存在等级秩序，但是这种等级秩序必须建立在道德约束的基础上，注重国家与其他包括国际非政府组织在内的行为体的和谐机制的构建。国家要认识到在国际事务的治理中，国际非政府组织起到了或者至少应该起到的核心作用。所以，以和谐世界为理念的全球治理结构应该建立一个多层次、多元化、立体型的治理结构体系。① 而非政府组织在和谐世界的多元主体中，是站在独立于国家和政府间国际组织的立场上，对二者进行监督，与二者进行适度的合作，并对民众提供信息、进行培训、服务，或者组织其参与某些活动。② 而和谐世界理想的实现，必然离不开国际法治的支撑。所以，在利用缔结统一国际条约对国际非政府组织的问责进行构建的时候，要正视非政府组织在国际法治进程中所起到的参与和促进的角色。一方面要对在某些领域发挥巨大作用的国际非政府组织赋予一定的国际法地位，如国际环境法领域与国际人道法领域等；另一方面要注意构建符合该条件的国际非政府组织与国家、政府间国际组织、营利公司、公众等利益相关者之间的和谐关系。

（二）通过国际条约对国际非政府组织问责机制构建所适用的原则

通过国际条约对国际非政府组织问责机制进行构建所适用的原则是构建国际非政府组织问责机制所应该遵循的基本准则。这些原则全面地反映了对国际非政府组织问责机制构建的客观要求，对该机制如何构建进行整体的指导和规范。

1. 法治原则

法治原则在社会成员中获得了普遍的认同，并成为一条维系社会合作、规范社会关系、评判社会纠纷、表达社会理想的基本文化公理。③ 而通过缔结国际条约的形式对国际非政府组织的问责进行规制，这种国际造

① 刘雪莲：《论全球治理中和谐世界的构建》，载《吉林大学社会科学学报》2006 年第 5 期，第 47 页。

② 何志鹏：《国际法治：和谐世界的必由之路》，载《清华法学》2009 年第 1 期，第 45 页。

③ 郑成良：《论法治理念与法律思维》，载《吉林大学社会科学学报》2000 年第 4 期，第 3 页。

法活动也必定要坚持法治原则，这是使国际非政府组织接受国际法规制的一个内在要求。这种内在的要求从形式上应该至少包括三个方面。首先，有法可依。一方面，在本公约的制定过程中，坚持有法可依，传统意义的国际造法活动处于"无法可依"的状态，但是自第二次世界大战结束以来，国际法已经有了初步的体系，如《联合国宪章》《国际法院规约》第38条、《维也纳条约法公约》等，都为本公约的制定提供了法律渊源，本公约的制定必定要符合这些先行存在的国际法所彰显的价值；另一方面，本公约所限定的国际非政府组织也要有法可依，除了在行为过程中坚持自身章程的规定，还要坚持上述国际法律文件和本公约的规定。其次，有法必依。作为缔结该条约的国际法主体来讲，其必须坚持两种法治理念，一是在国际法面前一律平等，没有例外和霸权；二是国际法要高于国内法。而对统一条约约束的国际非政府组织来讲，因其要面临两种法的约束，一是其自身的章程，二是章程以外的包括本公约在内的国际法，其要做到国际法优于"国内法"，要保证自身章程的宗旨与权利义务的设定符合国际法，在两者冲突的时候，服从国际法。最后，违法必究。这是国际非政府组织接受国际法规制和治理的保证。在该公约中，也应该具备可预见性，使国际非政府组织知晓违反该公约所造成的后果是什么。这就要求该公约必须必备完备有效的实施机制。而不像《关于承认国际非政府组织的法律人格的欧洲公约》及有些国际非政府组织行为准则那样，只是原则性的规定，并没有实施机制，这就造成了国际法的实施困难。

2. 透明原则

在国际法治视野内，通过缔结全球性国际条约的方式对国际非政府组织的问责机制进行构建所要坚持的另一个重要原则为透明原则。在国际政策治理领域，很少有概念像"透明"一样获得这么广泛的关注和使用。如果"民主缺陷"是全球治理问题的主要原因，则"透明"是解决这些问题的最时髦用语。[①] 透明原则已经被广泛应用于各种层面。在国内法层面，政府利用透明原则去规范公司的行为可以追溯到美国1933年Securities and Exchange Commission的创立。[②] 现在已经被广泛应用于民主国家。

---

① Thomas N. Hale, "Transparency, Accountability, and Global Governance", 14 *Global Governance*（2008）73, p. 73.

② Mary Graham, *Democracy by Disclosure: the Rise of Technopolulism*, Brookings Institution Press, 2002, p. 25.

在国际层面，透明原则也被政府间国际组织和国际非政府组织广泛使用，如欧盟要求其成员国使用透明的政策制定程序作为其成员国符合特定民主标准的一种努力。一些非政府组织也在其行为准则中明确规定适用透明原则，如在《埃塞俄比亚非政府组织行为准则》中规定：[1]

> 4. 透明和问责
>
> 4.1　我们应该保持我们与政府、社区合作者、公众、捐赠者和其他利益相关者的所有交易报酬透明和问责。我们应利用所有可得的机会向公众通知我们的工作、我们资源的来源和使用。
>
> 4.2　我们应向所有的相关机构制作和提交周期性审计、财务和活动报告。
>
> 4.3　我们应该与埃塞俄比亚宪法、法律、政府的原则和规章制度保持一致，并且在需要的时候，为上述法律规章制度作出变化。
>
> 4.4　为了管理我们的账户，我们应该制定和执行可行的财务政策和体系。
>
> 4.5　我们应该对所有的有关集资、使用和管理资金的事项保持信任和诚实。
>
> 4.6　我们应该保持由独立审计公司所进行和维持的年度财务审计，并且向公众通报。所有的财务陈述应该按照相关和利益群体的要求使其知晓。
>
> 4.7　我们应该具有一可行的财务和会计体系能够按照既定的目的使用资源。

笔者认为在通过缔结国际条约的方式构建国际非政府组织的问责时也要把透明原则作为首要坚持的原则，其主要目的是把其行为和活动及时让各利益相关者知晓。这一原则对增强国际非政府组织的问责起到非常重要的作用。首先，通过公开、公正地向各利益相关者披露信息，可以使公众知晓事情的真实情况，使情况无法被某一方操纵，可以使国际社会对国际非政府组织有一个正确的认识。一个国际非政府组织的财务政策、人力资

---

① 刘海江编译：《非政府组织行为准则译汇》，中国政法大学出版社2014年版，第6—7页。

源政策是否透明往往是国际社会评价一个非政府组织的主要因素之一。其次，坚持透明原则能够起到对国际非政府组织的自我约束作用。有了该原则，国际非政府组织在其活动、政策的制定、资源的获得和使用等方面往往会自觉坚持正确的方式，自觉向公众表明自己是一个负责的组织。

3. 平衡原则

由于国际非政府组织的问责是一个较为复杂的过程，所以平衡原则至关重要。首先，传统意义上对非政府组织问责方式的最大缺陷就是没有平衡各利益相关者之间的问责，如众多问责方式主要是对受益者或者认证机构问责，而不是向主要的问责对象受益人问责。每个利益相关者对国际非政府组织问责的方式要求都有不同，如有的利益相关者仅仅要求国际非政府组织的使命问责；有的要求组织问责；而有的要求财务问责；有的利益相关者需要详细地对该事项进行了解；有的则仅仅需要一个大致的了解。大陆法系国家在对非政府组织的问责进行考量时主要关注其外部问责，而英美法系国家则主要关注内部问责。殊不知，一个相对有效的问责机制特别需要对各利益相关者之间的问责进行平衡，是对内部问责和外部问责之间的平衡。其次，国际非政府组织自产生之初就存在着分布及发展不平衡的先天缺陷，当然这也是由国际非政府组织一直所处的社会环境所致，但是这种社会环境已经影响到国际非政府组织问责机制的有效性。为了形成一套有效地对国际非政府组织进行问责的机制，平衡机制的建设也是必不可少的，这主要是为了平衡南北地区国际非政府组织的数量及其内部代表的性别比例的差异。自20世纪60年代以来，广大亚非拉国家纷纷独立及在国际大舞台彰显其力量之后，这一平衡机制的构建也就成为可能。对于来自发展中国家或代表某些弱势群体的国际非政府组织可以给予资金援助，2004年《联合国与公民社会关系名人小组报告》曾建议联合国设立一个专门基金，来帮助发展中国家及经济转型国家的非政府组织，资助他们参与联合国及专门机构的审议活动、为他们参加联合国的重大国际会议提供事前培训及加强其参与联合国的能力等。有的学者认为应该在此设想的基础上对该基金予以扩大，即由联合国与世界银行等其他政府间国际组织以及有关捐助方合作设立，用于对国际非政府组织的资助。[1]　笔者非常

---

① 黄志雄主编：《国际法视角下的非政府组织：趋势、影响与回应》，中国政法大学出版社2012年版，第15页。

同意这一做法，即设立专门的基金，负责管理来自会员国、政府间国际组织、国际非政府组织及相关捐助者的资金，对符合本公约设定条件的国际非政府组织进行资助，特别是对来自发展中国家的非政府组织进行建设帮助。除此之外，对于包括来自发达国家的国际非政府组织代表的性别比例的平衡也是进行平衡机制建设的一部分。目前，大部分国际非政府组织代表大多为男性，这就有必要对女性代表加强培训，为其增加在国际舞台发出声音的概率，这也是构建国际非政府组织问责机制的一部分。

（三）通过国际条约对国际非政府组织问责机制构建的基本框架

对于国际非政府组织问责机制的构建框架，不同的机构给出了不同的思路。如国际人道主义问责合作机构（HAP – I）的问责框架是：谁来负责？向谁负责？为什么负责？怎样负责？有什么样的结果？[①] 世界银行的《非政府组织法的立法原则》（Draft Handbook on Good Practices for Laws Relations to NGOs）通过回答同样的五个问题来对国际非政府组织问责的框架进行界定：谁负责？对谁负责？为什么负责？怎样负责？达到什么样的结果？为了使国际非政府组织在国际法治进程中更好地发挥参与者和促进者的角色，通过缔结国际条约的方式对国际非政府组织的问责进行架构，需要回答以下三个问题：国际非政府组因什么而负责（for what）？向谁负责（to whom）？以什么样的方式负责（how）？

1. 国际非政府组因什么而负责（for what）？

确定国际非政府组织因什么而负责是构建国际非政府组织问责首先要做的第一步。主要是指国际非政府组织问责的内容，也是对国际非政府组织的基本性质和所要承担的义务进行界定。总之，为了督促国际非政府组织在国际良法的制定和全球善治的形成过程中起到参与和促进作用，需要对国际非政府组织的以下方面进行问责。

（1）性质问责。限定国际非政府组织的性质，是确定问责对象的第一步，其根本的目的在于确定究竟什么样的非政府组织能成为本公约所规定的问责对象？如《关于承认国际非政府组织的法律人格的欧洲公约》第1条规定本公约适用的国际非政府组织必须符合以下特点：在国际共同

---

① 世界共同信托组织的全球问责项目 GAP 参见 http：//www. ngowatch. org，最后访问日期为 2014 年 2 月 16 日。

体内具备非营利目的、按照成员国的国内法成立、至少要在两个国家内进行活动、必须在某一成员国内有法定的办公室并且在该成员国或另一成员国内具备中心管理和控制机构。这就规定了本条约下的国际非政府组织的性质必须符合非营利性、合法性和组织性。① 《世界非政府组织协会非政府组织道德和行为准则》把意欲签署本行为准则的非政府组织的性质界定为合法性、非营利性、非政府性、有组织性、独立性和志愿性。② 而在统一条约的目的下进行问责的国际非政府组织应具备的特征主要有国际性、非政府性、独立性、组织性、合法性及非营利性。③ 对符合统一条约条件的国际非政府组织的性质进行界定，主要有两个作用，一方面通过对其性质的界定，使其从注册到治理都完全符合法治要求，从而顺利地在国际法治进程中发挥参与和促进的角色；另一方面通过这种形式赋予国际非政府组织一定的国际法律地位，改变国际非政府组织在国际法律地位中的尴尬现状，赋予国际非政府组织国际法律地位并不是搞"一刀切"，必定要符合一定条件。

（2）使命问责。戴纳·布雷克曼·瑞瑟（Dana Brakman Reiser）和克莱尔·R. 凯利（Claire R. Kelly）把非政府组织的问责定义为"使命问责"（mission accountaboility），即非政府组织必须忠诚地实现其使命。④ 帕特里克·基比尔（Patrick Kilby）也认为必须把非政府组织本身要实现的价值与其问责紧密地连接起来，增强其问责是实现其存在价值的主要途径之一。⑤ 所以，符合统一条约条件的国际非政府组织必须以实现其使命为第一要务。这就要求每个国际非政府组织按照自己的能力范围和关注的领域，如在人权、消灭贫困、环境、教育、和平与安全等领域制定切实可行的目标。

---

① http://conventions.coe.int/Treaty/en/Treaties/Html/124.htm，最后访问日期为 2014 年 2 月 16 日。

② 刘海江编译：《非政府组织行为准则译汇》，中国政法大学出版社 2014 年版，第 287—289 页。

③ 详见本书第二章。

④ Dana Brakman Reiser and Claire R. Kelly, "Linking NGO Accountability and the Legitimacy of Global Governance", 36 *Brook. J. Int'l.*, (2010 – 2011) 1011, pp. 1011 – 1073.

⑤ Patrick Kilby, "Nongovernmental Organizations and Accountability in an Era of Anxiety", 5 *Seton Hall J. Dipl. & Int'l Rel.*, (2004) 67, pp. 67 – 78.

正如《透明国际秘书处行为准则》中对透明国际的宗旨与目标设置:①

我们的使命:

①根据在董事会所定义的透明国际的使命,我们与国内分会和管理机构共同工作及通过他们在世界范围内的工作,服务于他们的需要。

②通过我们的倡议工作有效的致力于全球和区域问题、通过搜集和提供有关腐败、善治的信息、知识、有创新的产品和工具支持全球反腐败运动,帮助遏制腐败。

又如《埃塞俄比亚非政府组织行为准则》中对使命的设置:②

作为在埃塞俄比亚行为的非政府组织,我们的一般使命是提高和促进社会公益、残疾和易受伤害群体的生活质量及对后代生活环境的正确管理。为了实现该使命,非政府组织应该提高建设社区能力、为可持续发展提供服务。同时,也应该与其他非政府组织、政府、捐赠者、社区合作者和公众寻求合作进行工作。国际非政府组织应该通过对使命的设置保证不会从事盗窃、腐败、裙带关系、受贿或者不合法的交易,只接受与使命、目的和能力相符的资金和捐助,并且避免贬低组织独立性和身份。

由于每个组织都有其发展特点,所以使命内容是不同的。这就要求其在各自设置使命时,坚持同样的精神与宗旨。笔者认为鉴于《联合国宪章》在国际法中的特殊地位,不妨仿照联合国经社理事会对给予咨商地位的非政府组织的宗旨和目标设置的要求,即"非政府组织的宗旨与目标应该与联合国宪章的精神、目的和原则相符"。这样,一方面可以保证国际非政府组织的使命与普遍接受的国际法原则保持一致;另一方面可以与其在国际法治的进程中所起到的角色相符。

(3)组织问责。国际非政府组织实现其使命离不开有效的组织制度保障,同时,组织性作为国际非政府组织的一个必备特征,在国际法治的视野内考察国际非政府组织的问责,就绝对不能出现像当初国际禁止地雷运动在获得"诺贝尔和平奖"时,找不到组织机构去领奖那样的闹剧。国际非政府组织的组织问责首先要求其具备章程,在章程中应该规定在治理、管理、财务控制、对待职员和志愿者、控诉处理的程序和法律的遵守

---

① 刘海江编译:《非政府组织行为准则译汇》,中国政法大学出版社 2014 年版,第 303 页。
② 同上书,第 5 页。

等活动中要遵守的义务。在章程中要重点设置组织的基本目标和目的；组织和成员的构成和成员的权利及义务；组织的治理机构和程序；治理机构领导者的选任方法、任期、任期终止的条款和薪水的构成；管理机构会议的规则，包括开会的频率和法定人数的规模；管理机构的权利和责任，包括全部管理机构责任的叙述；管理机构的策略控制、财务控制政策；管理机构选派办公室领导、职员及其他人员的权利。所以笔者认为按照上述要求，国际非政府组织应该至少包括以下两个机构。第一，大会。大会作为国际非政府组织的最高议事机构和决策机构，应该由具备投票权的一定法定人数组成，大会的代表除了本组织的成员之外，还应通过公民教育与倡导的方式吸引其他来自公民社会的代表。大会应该每年召开一次常规会议，并且在特殊的情况下召开特别会议，在大会上讨论本组织内的一切事项；对成员及组织的控诉；对违反章程和法律事项的解决；修改组织章程；处理包括向领导层报告、接受年度审计财务和制定下一年的财务预算的实体事项；根据其管理文件，向其成员提供尽可能多的机会使其参与到领导层中来。第二，秘书处。国际非政府组织在经过大会同意后，设置秘书处。秘书处应向大会负责，并且应监督、促进和维护国际非政府组织章程的遵守，在遵守的过程中向成员进行指导，处理来自任何个人、群体对该组织的控诉并提交大会进行讨论解决。

　　除了设置必要的机构之外，笔者认为统一条约还必须通过详细的规定要求国际非政府组织的章程等基本文件中包含以下政策。第一，利益冲突政策。国际非政府组织应该具备一套清楚的处理利益冲突的程序。要求管理机构的人员、领薪职员、志愿者披露任何真正的或能察觉到的利益冲突，或者披露他们与货物、服务供应商之间、被给予资金的接受者或者与该组织有竞争性或冲突性目标的其他组织之间发生的依附关系；要求管理机构的成员、领薪人员和志愿者披露接受任何用于个人使用的礼物，禁止他们接受任何贵重的或者其他不恰当的礼物；要求管理机构的成员和领薪人员在讨论、投票决定与他们有利益冲突的事项时进行回避。第二，雇佣政策。国际非政府组织应该具备一定的雇佣政策和程序并有一套清楚透明的雇佣体系，包括雇佣机制、工作空缺的宣布、没有在党派、宗派或性别基础上的歧视性的工作需求、确定与达到最低人类生活标准相符的最低薪水并向职员宣布薪水标准及所有的其他利益。特别是对组织管理者的雇佣更是要有明确的选举政策，保证在公开、透明的情况下，对管理者进行选举，保证管理者与组织之间没有利益冲突，保证管理者相互之间没有利益冲突及裙带关系等。第三，能力建设政策。国际非政府组织在不断变化的环境中活动，为了适应新挑战，为了满足国际社会服务日益增加的需要，组织需要不断地装备自己，具体包括通过分配决策制定过程，提高成员在决策中的能力；使职员跟上技术的变化和进步；在活动管理和实施的过程中培训受益人；与具备相似使命的组织建立联盟，目的是互相学习和利用对方的技巧和能力。第四，人力资源政策。国际非政府组织应该具备保障其职员和志愿者在活动中的安全的义务，应该满足所有的有关个人的最低的法律和规范性要求，应该具备有关人力资源的政策和程序、组织应该在其人力资源政策和程序中列举明确不被接受的行为，包括任何形式的性骚扰和虐待行为。职员的权利、尊严、结社、良心和表达自由应该被尊重和保护，这是不同的人们在非政府组织部门里，在寻求共同目标的过程中能够联系起来的基本元素；组织应该发展和实施有关职员福利、发展和权利保护的明确的政策、指南和程序、所有的职员都应该根据其成绩和资格享有雇佣、提升、发展和培训的机会，并且在合适和可行的时候，采取激励机制以帮助职员保持职业化和技术资格。第五，控诉处理政策。国际非政府组织应该为所有的利益相关者控诉组织的行为提供一份容易获取的、安全的及考虑尽可能详细的联系方式；组织应该保证对控诉组织的应对是及时的及公平的；组织应该向所有的利益相关者提供关于报告和控诉程序的信息；组织应该以清楚及容易理解的方式、以恰当的形式并通过合适的媒体向公众提供信息；组织应该保证对控诉的处理要考虑到大多数利益相关者的需要。第六，合作政策。在国际非政府组织的治理文件中，要包含与政府、政府间国际组织、国际非政府组织、公众、媒体等相关利益者之间的关系政策。这些利益相关者，一方面与国际非政府组织在平等与互相尊重的基础之上保持合作关系；另一方面，这些非政府组织也要注意保持独立性，不能因为服从于国家或者其他捐赠者。国际非政府组织应该是独立于政府的机构，要形成和实施自己的政策与策略，不能故意寻求执行政府的政策，除非两者的政策保持一致。

（4）财务问责。财务是国际非政府组织问责机制中最为敏感的字眼。在大多数国际非政府组织爆发的丑闻中最为突出的问题就是财务的不透明，这也是国际非政府组织问责性危机兴起的主要原因。所以，笔者认为在该条约的构建过程中，应该把国际非政府组织的财务问责放在最重要地位上，具体应该针对国际非政府组织的以下财务问题做出规定。国际非政府组织应该把组织在所有行为过程中发生的所有的收入与支出诚实及透明地披露，不能使组织留下没有收入和支出的印象；并且以书面的形式解释组织所增加的任何支出是怎么决定的。国际非政府组织应该具备详细的财务记录；应该具有合适的政策和程序，在考虑到组织规模和能力的基础上保证资金的分配；组织应该有恰当的程序来审查和监管管理机构用于管理所产生的收入和花费、组织应该具备政策来规范内部职员和管理机构成员发生的贷款和交易，此政策应该由管理机构批准，而且应该包括对这些贷款和交易的披露和报告、组织管理机构成员的关系性质、贷款及支付款项的数目应该在年度报告中全面披露并且被审计；组织应该保证托付给他们的资金和资源在分配给任何第三方之前被正确地审查和管理。

（5）活动问责。国际非政府组织的活动问责主要是要求其在活动中坚持透明及真实原则，应该准确地表述组织的身份、目的和需要，应做出组织可以实现的承诺，不能有任何误导性的信息和图片，也不能有任何可能导致错误印象和误解的交流。保证组织所进行的活动必须符合组织的使命，把组织的使命作为策略计划的基础并且作为组织活动的蓝图，在活动过程中必须有效地实现其所设置的使命。国际非政府组织应该保证他们所进行的活动具备可持续性和经济性的道德责任，特别是活动应该对国际社会的需要和美好愿望负责，直接或间接地对国际社会的发展做出贡献，在活动过程中不能由捐赠者主导，组织的活动不能对整个国际社会的福利造成危害，通过授权其他公民社会承担责任和享有所有权鼓励和支持其他公民社会有效地参与。

2. 向谁负责（to whom）？

如前所述，国际非政府组织问责是要对所有利益相关者负责。传统意义上的利益相关者仅仅是指国际非政府组织活动的受益者，但是在国际法治视野内考察国际非政府组织的问责，此语境下利益相关者的范围就应该采取更为开放的界定方法。如《国际非政府组织问责宪章》中就用较为开放的方法界定了利益相关者的范围：①

---

① 刘海江编译：《非政府组织行为准则译汇》，中国政法大学出版社 2014 年版，第231—232 页。

我们的利益相关者包括：

·人们，包括后代，他们的权利是我们努力要保护和提高的；

·生态，其不能进行自我保护；

·我们的成员和支持者；

·我们的职员和志愿者；

·对财务、货物和服务做出贡献的组织；

·合作组织，包括与我们一起工作的政府和非政府组织；

·管理机构，我们的建立和运行需要他们的同意；

·我们意欲影响的政策、项目或行为；

·媒体；

·大众。

　　由于国际法治为多元化法治，在国际法治进程中发挥作用的利益相关者主要有国家、政府间国际组织、非政府组织、跨国公司、公众等。所以，在统一条约内，也要限定在国际法治视野内国际非政府组织需要负责的主要利益相关者的范围。由于国际社会的每一个行为体在国际法治进程中所起到的角色和发挥的作用不同，所以在国际法治视野内对国际非政府组织问责的主要利益相关者要因其发挥的作用和角色不同进行划分。笔者用国家和政府间国际组织举例。国家在国际非政府组织的活动中所担当的角色主要有两种，首先是非政府组织活动环境形成者角色。虽然目前国际非政府组织在国际法中的主体地位有所提高，但是仍然改变不了国家作为国际法首要主体的局面，国际非政府组织仍然需要在国家注册成立和进行活动，所以国家往往会通过国内立法的形式对在本国注册和活动的国际非政府组织进行规制，并且设置种种国际非政府组织必须遵守的义务，从而对增强国际非政府组织的问责起到积极作用。其次，国家是国际非政府组织活动的主要影响者。国际非政府组织以期通过自身的行为影响国家的决策，在解决全球问题时能够形成统一的决策，如在《渥太华禁雷公约》与《集束弹药公约》中国际非政府组织通过倡导、游说等方式使一些国家通过并加入上述公约。同时国际非政府组织在活动的过程中，寻求与国家的合作有时是其活动目标实现的主要条件。所以，国际非政府组织必须对国家负责。政府间国际组织在国际层面，对国际非政府组织主要发挥两种作用，一是合作，二是进行管制。政府间国际组织在活动过程中发现需要国际非政府组织帮助自己实现职能与目标及弥补自身活动合法性缺陷，而国际非政府组织也需要借助政府间国际组织在国际舞台上发出声音，参与国际事务，并且有助于提高自己的国际法律地位。所以诸如联合国、世界银行、WTO 等政府间国际组织都有寻求与国际非政府组织合作的文件存在，而一些活动力及影响力较强的国际非政府组织借助政府间国际组织的关系在国际法治进程中的作用日益显著。所以政府间国际组织与国际非政府组织之间的作用是相互的。首先，政府间国际组织通过建立咨商关系、参与关系等为国际非政府组织参与国际事务创设能动环境。其次，国际非政府组织也通过自己的行为，如举办论坛、影子会议等方式影响着政府间国际组织的行为，政府间国际组织作为国际非政府组织行为的影响者和受益者，所以国际非政府组织在国际法治的进程中要对政府间国际组织负责。

笔者认为应该在统一公约内将利益相关者限定在如下范围：

（1）国际非政府组织运作环境的形成者。主要包括国家、政府间国际组织与捐赠者。

（2）国际非政府组织的内部成员。国际非政府组织内部成员主要包括职员、董事会成员、志愿者、合作者等。

（3）广大公民社会。主要包括社会组织、公众与其他非政府组织。

（4）国际非政府组织的活动试图影响的人。主要包括受益者、私人部门、全球组织和政府等。

上述各种不同类型的利益相关者由于所担当的角色不同，所属的类别也不同。笔者认为上述利益相关者对国际非政府组织进行问责时，不宜划分级别。笔者认为每一种利益相关者对待国际非政府组织问责的要求都不同，如捐赠者对国际非政府组织的问责要求主要集中于对捐赠物或捐赠资金的使用，而国际非政府组织的内部成员对该组织的问责要求主要集中于民主治理；有的利益相关者可能对国际非政府组织的问责要求很高，有的却要求很低；有的只是泛泛了解，有的则需要很详细的信息。所以各利益相关者只是各取所需，不宜进行级别的划分。

3. 以什么样的方式负责（how）？

对于国际非政府组织的问责方式，国内外的学者从不同的角度提出了不同的看法。如罗伯特·查尔斯·比利特（Robert Charles Blitt）在其文章中提出的解决办法是行业自律，就是说主要靠非政府组织设置较为详细的行为准则，包括成员标准、信息披露义务与报告义务等，并且认为这些行为准则应该是独立的，不应由政府进行干预，可以邀请一些非政府组织自愿地参加。① 朱丽安·李（Julian Lee）则对正在使用中的非政府组织的问责机制进行了总结，主要包括认证体系、定级体系、能力建设工具、行为准则、监督和评估、信息披露和报告义务等，其认为现行的这些方式各有各的缺点，因为没有真正地与非政府组织要实现的目标联系在一起，也没有真正地考虑这些机制有效实施的成本。② 李勇把国际非政府组织的问责方式总结为认证、行为准则和标准、监控和评估、参与、评级、报告机制、选举七种方式。③ 而在国际法治视野内考察国际非政府组织的问责应该有其独特的方式，笔者认为在该种问责方式的构建中，应该着重构建以下机制。

（1）核准机制。对于国际非政府组织国际法规制的构建，并不是说要对所有的国际非政府组织都赋予国际法律地位，都纳入国际法的范畴之内。因为国际非政府组织的数量不胜枚举，如果是一概而论那必将是形而上学了。所以需要建立核准机制，就是要设定一定的标准，只有符合条件的国际非政府组织才能受到本公约的约束。国内法和国际法目前对国际非政府组织设置的标准不同，在国内法领域，最为先进的例子要数菲律宾非政府组织认证委员会（The Philippine Council for NGO Certification），该委员会不仅仅在非政府组织的问责方面，其也通过提供反思的机会、分享见解、提供建议、非政府组织之间的相互评估等方式提升非政府组织的工作价值。④ 除此之外，还有西班牙忠诚基金会（Spanish Fundacion Lealtad）针对想要被审计的非政府组织设置了以下原则：必须具备至少有五名成员的管理机构，至少每年召开两次会议监督预算和每年的账务；设置完好的目标；具备对项目的控制和评估制度；倡导和募集活动应该真实反映组织

---

① Robert Charles Blitt, "Who will Watch the Watchdogs? Human Rights Nongovernmental Organizations and the Case for Regulation", 10 *Buffalo Human Rights Law Review*, (2004) 261, pp. 261 – 398.

② Julian Lee, *NGO Accountability*: *Rights and Responsibilities*, *Presented at the Programme on NGOs and Civil Society*, 2004, The Centre for Applied Studies in International Negotiations (CASIN), Geneva, Switzerland.

③ 李勇：《非政府组织问责研究》，载清华大学公共管理学院 NGO 研究所《中国非营利评论》，社会科学文献出版社 2010 年版，第 45—86 页。

④ 参见［美］丽莎·乔丹、［荷兰］彼得·范·图埃尔主编《非政府组织问责：政治、原则与创新》，康晓光等译，中国人民大学出版社 2008 年版，第 196 页。

的目的、不同资金来源渠道；保持资金花费的记录并使公众知晓；使花费在募集资金和管理方面的资金最小化；公布被外部审计员检查的年度账户。在国际法层面，不同的政府间国际组织也对非政府组织设置了不同的标准。如就国际非政府组织成员的来源国及活动国家的数目而言，国际协会联盟认为要至少三个国家，但是欧洲理事会 1986 年公约中就仅仅设置了两个国家。但是到底是坚持三个国家还是两个国家标准，笔者认为由于非政府组织的数量较多，如果限制为三个国家将会使大批的非政府组织被排除在国际非政府组织之外，所以，坚持两个国家的标准较为科学。除此之外，联合国经社理事会与世界银行对于与其建立咨商关系的国际非政府组织都设定了一定的核准（accrecditation）机制，笔者也认为统一公约可以仿照联合国经社理事会的核准机制，从形式和实质标准上设置专门的机构对拟申请接受该公约约束的国际非政府组织建立核准机制，国内有的学者也提出了同样的建议，其认为形式标准主要着眼于有关组织在宗旨、活动、经费来源及开支等方面的透明度，原则上，申请通过核准的组织应通过年度报告对其相关信息进行公开；实质标准主要是根据国际非政府组织在特定领域所具备的专业能力、所获得的公众支持以及对相关国际决策潜在的价值和贡献。[①]

（2）实施机制。一套行之有效的实施机制是保证实现国际非政府组织规制目标的关键，而现有的规制国际非政府组织的国际机制却缺少有效的实施机制。

实施机制的设置是对国际非政府组织进行国际法规制所面临的一个重大难题。

笔者认为，首先要做的是把实施机制作为规制国际非政府组织的国际机制的必要组成部分，以改变现有的规制机制缺少实施机制这一局面。而在设置实施机制时，要增加相关制度作为保障机制，如报告及监督制度，规定签署统一公约的国际非政府组织负有向专门机构提交一份书面的，并能为所有成员、职员、志愿者、捐赠者、合作机构和公众获取的年度报告的义务，在该年度报告中应该包括以下信息：对本组织的目标、目的和价值目标的详细描述；对组织的收入、支出及整个财务运作提供一份简要的

[①] 黄志雄主编：《国际法视角下的非政府组织：趋势、影响与回应》，中国政法大学出版社 2012 年版，第 14 页。

总结；对报告期间内所从事的重要活动及其影响进行描述；对该组织进行活动的有效性和获得的经验进行评估；该组织的行为符合其加入的行为准则的要求等。通过这种方式来表明本组织如何按照本公约的要求实施以及取得了什么样的成果，并且有专门的监督机构对其行为及报告的真伪性进行监督。除报告及监督机制以外，有效的申诉机制也是必不可少的，这种申诉机制要改变原有的被动审查（complaint – driven）的局面，由被动变为主动，并且要扩大审查提起者的范围，如所有的利害相关人都可以就某一组织违反了该公约提交申诉。当然这种机制也要将惩处及奖励机制作为辅助机制，现有的规制类型很少规定惩处机制（sanction system），即使规定了这种机制，也鲜有非政府组织因遵守不力而被终止或中止成员资格的案例，虽然联合国经社理事会也有中止相关国际非政府组织咨商地位的案例，但是数量较少。最后，激励机制也是必不可少的，激励机制的存在是国际非政府组织遵守该公约的动力。该公约应该设置评估机构，根据评估机构对某国际非政府组织的行为进行评估定级，如根据该组织的财务运作和组织效率等因素进行考察，按照0—10分的定级标准给出相应的分数，并且根据所给出的分数对该组织进行奖励，如给予较多参与国际事务的机会和较多资金支持的机会等。

（3）把加入行为准则作为先行机制。由于通过签署国际条约的方式对国际非政府组织的问责进行界定，毕竟是属于从外部对其进行问责，而增加内部问责也必不可少。目前最好的内部问责方式是行为准则。这种行为准则的最主要目的就是加强非政府组织的自律，从非政府组织的注册、行为、倡导、组织、人力资源、控诉处理及奖励政策等都做出了规定。非政府组织关注的领域不同就决定了非政府组织行为准则的类型不同，从存在的区域来分，可以分为国内、区域及国际层面的行为准则。而符合本书研究范围的行为准则主要是后两者，如区域层面的《非洲公民社会组织道德和行为准则》《欧盟非政府发展组织宪章》等；国际层面的《国际非政府组织问责宪章》《红十字国际委员会、红新月及其他非政府组织参与灾难救助的行为准则》《世界非政府组织协会非政府组织道德和行为准则》等。① 所以，笔者认为可以将加入此类行为准则作为国际非政府组织通过统一公约认证机制的前提条件。首先，该公约应该设置行为准则的必

---

① 参见刘海江编译《非政府组织行为准则译汇》，中国政法大学出版社2014年版。

要内容，如治理、活动、报告等，国际非政府组织相互之间或者单独组织内所具备的行为准则，应该提交给本公约设置的机构，如在秘书处进行注册和审核，由其决定该类行为准则是否符合要求。其次，国际非政府组织在其提交的认证材料中必须附有加入某种行为准则的证据，并且在其年度报告中表明其行为符合行为准则的要求。

本 章 小 结

　　本章主要对在国际法治视野内国际非政府组织的问责机制的构建进行了展望。鉴于国际非政府组织的复杂性及国际法治进程的曲折性，对国际法治视野内国际非政府组织的问责进行考察则应该具备以下特点。

　　第一，目前还不存在一种对所有的国际非政府组织都有效的问责机制，因为对位于不同层面、具备不同性质的国际非政府组织的问责有不同的要求。所以笔者认为目前过渡到统一规定国际非政府组织问责方式的国际条约的最佳方式就是充分利用现有的几种问责方式，即国家要充分利用国内法对其领土范围内国际非政府组织积极的问责作用；政府间国际组织在与国际非政府组织进行合作和管制的基础上，对符合条件的国际非政府组织提出不同的问责要求；在发挥国家与政府间国际组织对国际非政府组织的问责所起到的积极作用的同时，应该鼓励国际非政府组织通过缔结行为准则和道德准则的方式对自身的问责提出要求。充分利用目前这几种问责机制需要对国家、政府间国际组织与国际非政府组织提出不同的要求，需要这几种行为体的共同努力才能继续发挥这几种机制的优势。

　　第二，由于目前阶段内所讨论的国际法治主要是指国际法之治，国际非政府组织由于其存在的影响力和在国际良法与全球善治形成的过程中发挥出的主要作用，其已经具备了成为国际法主体的资格。所以在国际法治视野内对国际非政府组织进行问责的最有效的方式，是缔结统一国际条约，这种方式一方面可以赋予符合一定条件的国际非政府组织国际法律地位，另一方面可以对国际非政府组织的问责提出统一与有效的要求，扭转现有几种机制所存在的诸如无有效实施机制的困境。笔者不但从实证的角度分析了目前通过缔结国际条约对国际非政府组织进行问责的可行性，而且还在基本理念、基本原则与基本制度的设置方面提出了自己的建议。

结　　论

　　非政府组织与国际法之间的相互依存关系，无疑表现为日益增加的趋势。有大量的实证表明非政府组织正在积极地参与到国际法领域中来，在《罗马公约》《濒危野生动植物种国际贸易公约》《集束弹药公约》等公约的形成过程中，众多国际非政府组织都起到了"机车头"一样的作用；非政府组织在国际司法机构担当"法庭之友"的制度更是表明了非政府组织参与国际法领域的程度逐渐加深，如果说20世纪末非政府组织参与国际法的革命是"悄然地兴起"，进入21世纪后，非政府组织参与国际法更是"大刀阔斧地进行"。正是基于非政府组织在国际法与全球治理领域中发挥的出色作用，笔者才一直以来把非政府组织，特别是国际非政府组织作为自己的研究对象。

　　目前阶段所探讨的作为国际法之治的国际法治与国内法治相比，一方面存在着共同点，另一方面又展现出区别于国内法治的独特之处。除了其内在要求表现为"国际良法"与"全球善治"之外，最为明显的特征就是国际法治的多元性，如国际法治主体的多元性，包括国家、国际组织、非政府组织和个人等；客体的多元性表现在包括传统安全问题、经济问题、文化问题、环境问题、人权问题、司法内务问题等。而国际非政府组织在上述客体领域对"国际良法"与"全球善治"的达成所起到的作用甚是显著，已经完全起到了参与者和促进者的角色。但是，国际非政府组织在国际法治进程中发挥积极作用的同时，又出现了诸如"国际奥委会盐湖城丑闻事件""国际非政府组织参与策划颜色革命事件"等与人们所期望中的国际非政府组织性质不相符的事件。所以，在国际法治进程中，国际非政府组织再也不被当作"圣洁的天使"，从对国家和企业进行问责的主体逐渐转变为问责的对象。

　　国际非政府组织问责危机的起因主要包括：

第一，国际非政府组织数量的迅速增长。特别是在冷战结束之后，国际非政府组织的数量因全球经济一体化进程的加速和全球新问题的出现呈爆炸式增长。在数量众多的国际非政府组织中逐渐出现了一些不和谐的因素，人们开始对国际非政府组织的问责提出了要求。

第二，国际非政府组织吸引资金的大量增加。"政府失灵"和"市场失灵"现象的存在，国际非政府组织成为弥补政府和市场的公共物品提供方，越来越多的捐赠者更愿意把资金送给非政府组织使目标群体受益，特别是公众更愿意把资金捐赠给非政府组织，同时有的主权国家政府为了扶植本国的非政府组织的发展，也会调拨资金和放宽约束，这就使非政府组织吸引的资金越来越多。而有的非政府组织在使用这些资金的时候，往往不透明，并且近年来有关非政府组织的财政丑闻越来越多，使人们越来越担心非政府组织所掌握资金的来源和去处。所以，非政府组织掌握的资金越多，对其问责的要求就越高。

第三，国际非政府组织的作用越来越重要。在国际法治的进程中，国际非政府组织在特定问题的研究、信息的传播、观点的提出、项目的从事、国际法的监督与人道主义救援等方面都发挥了重要作用。所以，作用越大，所担负的责任就越大。

第四，国际非政府组织的合法性危机。由于在国际法层面没有一部国际条约对国际非政府组织的国际法律地位进行规定，而国际非政府组织赖以注册成立的国内法又相互冲突，国际非政府组织的合法性要求根本无法得到满足。所以基于对国际非政府组织合法性的考虑，也是考察其问责性的一个原因。

国际法治语境下探讨国际非政府组织的问责应该被赋予不同的内涵。国际非政府组织的问责本身就是一个不断发展的概念。在国际法治的语境下，国际非政府组织的问责除了对国际非政府组织自身性质进行界定之外，对利益相关者的范围、问责内容、问责方式与问责目的等都应赋予独特的内涵。

"基于权利而问责"是本书在国际法治视野内对国际非政府组织的问责进行探讨的理论框架。如果不能在权利和责任的框架下探讨国际非政府组织的问责，就会导致片面或狭隘的解决方案，而不能真正地反映国际非政府组织在国际法治进程中的使命和价值观。有众多的国际条约或直接或间接地赋予了国际非政府组织在国际法项下的权利，如结社、集会和表达自由是国际非政府组织必要和基本的权利，在国际法治的过程中，国际非政府组织可以在立法过程中发表意见、参与讨论、动员和服务大众、监督和评议治理过程。正如国际特赦组织的秘书长艾琳·汉（Irene Khan）在2006年7月6日《国际非政府组织问责宪章》的发布仪式上所说："国际非政府组织行为的合法性是基于世界广泛承认的言论、集会和结社自由、基于人们对我们的信任和我们努力寻求的价值。国际非政府组织正在今天全球世界的议程设置中发挥越来越出色的作用。这就要求我们的行为透明并被问责。问责宪章清晰地显示出国际非政府组织愿意加入该行为准则，在榜样的指引下鼓励其他组织跟随加入。"① 所以国际非政府组织是基于权利而问责，在国际法之治的语境下，其因享有国际法所赋予的权利而有义务接受问责。

在当前国际法之治语境下，对国际非政府组织进行问责的最大障碍就是其国际法主体地位的缺失。国际非政府组织在当前国际法下处于实然与应然法律地位相背离的尴尬状态，国家、政府间国际组织与国际非政府组织导致了这种局面的形成。然而国际非政府组织在每次面临获得国际法律地位的历史机遇时都进行了努力，并且在当前的国际法环境下，有大量的实证证明了国际非政府组织已经具备作为国际法主体的资格，国际非政府组织已经可以独立参与国际关系、可以直接享有国际法权利与承担义务和国际非政府组织可以独立参与国际求偿。事物都是发展变化的，国际法的主体也是这样，从政府间国际组织获得国际法主体地位的实践来看，国际法的主体范围是随着国际社会的发展需要而逐渐增加的。所以，国际非政府组织具备国际法主体地位是必然趋势。这也就使本书所建议的通过缔结国际条约的方式对国际非政府组织进行问责具备了可行性。

虽然目前国际非政府组织缺乏国际法主体地位，但是在国际层面却存在几种对国际非政府组织进行问责的方式，按照对国际非政府组织提出问责的主体种类进行划分，主要有以下三种：

首先，国家对国际非政府组织的问责。国家主要通过国内立法和缔结国际条约的方式对国际非政府组织的问责进行了构建。国内立法是最为常

---

① Amnesty International, NGOs Lead By Example: World's International NGOs Endorse Accountability Charter（2006）, http//www. amnesty. org/en/library, 最后访问日期为2014年2月15日。

见的方式，国家通过国家立法对在本国领域范围内进行注册和活动的国际非政府组织的问责进行了规定。缔结条约并不常见，仅为在区域层面存在的《关于承认国际非政府组织的法律人格的欧洲公约》。这两种方式各有各的缺陷，国内立法良莠不齐，没有统一的标准，国际条约的影响面较窄、缺乏有效的实施机制。

其次，政府间国际组织对国际非政府组织的问责。政府间国际组织，如联合国、世界银行、世界卫生组织通过与国际非政府组织建立咨商关系、参与关系等方式对国际非政府组织的问责提出了要求，并且建立了如核准、报告等具体的问责制度。但是，囿于两种组织的法律地位不同，两者建立关系的形式比较随意。所以这种问责方式在一定程度上发挥了积极作用，但是也存在局限性。

最后，国际非政府组织对自身的问责。国际非政府组织对自身的问责提出要求主要是通过制定和加入各类行为准则和道德准则的方式。如《国际非政府组织问责宪章》《红十字国际委员会、红新月及其他非政府组织参与灾难救助的行为准则》等。这一类问责方式，一方面弥补了国家和政府间国际组织对国际非政府组织进行问责的缺陷；另一方面却因其自愿性质、加入组织较少及种类数量较少等原因，发挥的作用也是较为有限。

所以，在对国际非政府组织与国际法治的实证联结进行考察的基础上，对国际法治和在其语境下国际非政府组织问责的内涵进行界定，并且在国际层面对国际非政府组织问责的几种方式进行归纳及分析优劣点之后，在"基于权利而问责"的理论分析框架下，笔者认为当前在国际法治语境下对国际非政府组织进行问责的最好方式就是，在充分利用目前存在的几种问责方式的基础上，逐渐向缔结统一国际条约的方式进行过渡。因为已经存在通过缔结国际条约的方式对国际非政府组织进行问责的可行性，所以目前这种方式是最为有效的。笔者认为应该在坚持人本主义、可持续发展与和谐共存三大理念的基础上，适用法治原则、透明原则与平衡原则，按照国际非政府组织因什么问责、向谁问责与怎样问责的框架对条约的具体内容进行规定，主要包括国际非政府组织的性质、使命、组织、财务、活动、控诉处理程序等，并且注重构建核准机制、实施机制与把加入行为准则作为先行机制这三大机制。通过缔结这种条约，一方面可以赋予国际非政府组织一定的国际法律地位；另一方面通过对国际非政府组织的问责提出要求来对其加强规制。放眼未来，国际非政府组织在国际法治的进程中发挥的作用将越来越重要，只有在正视其国际法律地位的基础上，加强对其进行问责和规制，才能有效地督促其发挥参与和促进国际法治的作用，只有这样才能符合历史的发展潮流。

当然，笔者所提出的解决建议可能有一定的"理想主义"成分，而且该种方式也将面临着实施时间与成本的考验，需要国家、政府间国际组织、国际非政府组织与其他国际行为体的共同努力才能达成。我们不能"因噎废食"，只有正视事物发展的正确规律，才能真正地推动事物的前进，在国际法治视野内对国际非政府组织问责机制的构建也应如此！

参考文献

一 著作类及译著类

（一）中文类

1. 白桂梅：《国际法》，北京大学出版社 2010 年版。

2. 曹建明、周洪钧、王虎华：《国际公法学》，法律出版社 1998 年版。

3. 车丕照：《国际法治初探》，载《清华法治论衡》（第一辑），清华大学出版社 2000 年版。

4. 车丕照：《法律全球化与国际法治》，载《清华法治论衡》（第三辑），清华大学出版社 2000 年版。

5. 邓正来、J. C. 亚历山大主编：《国家与市民社会——一种社会理论的研究路径》，中央编译出版社 1999 年版。

6. 范丽珠主编：《全球化下的社会变迁与非政府组织》，人民出版社 2003 年版。

7. 郝鹏：《全球治理：理论与实践》，吉林出版集团有限责任公司 2010 年版。

8. 何增科：《公民社会与第三部门》，社会科学文献出版社 2000 年版。

9. 何志鹏：《权利基本理论：反思与构建》，北京大学出版社 2012 年版。

10. 黄浩明：《国际民间组织：合作实务和管理》，对外经济贸易大学出版社 2000 年版。

11. 黄志雄：《国际法视角下的非政府组织：趋势、影响与回应》，中国政法大学出版社 2012 年版。

12. 纪文华、姜丽勇：《WTO 争端解决机制规则与中国的实践》，北京大学出版社 2005 年版。

13. 蒋先福：《契约文明：法治文明的源与流》，上海人民出版社 1999 年版。

14. 李浩培：《国际法的概念与渊源》，贵州人民出版社 1994 年版。

15. 梁西：《国际组织法》，武汉大学出版社 2002 年版。

16. 刘海江：《国际非政府组织国际法规制研究》，法律出版社 2013 年版。

17. 刘海江：《非政府组织行为准则译汇》，中国政法大学出版社 2014 年版。

18. 马长山：《国家、市民社会与法治》，商务印书馆 2002 年版。

19. 全球治理委员会：《天涯若比邻——全球治理委员会的报告》，赵仲强、李正凌译，中国对外翻译出版公司 1995 年版。

20. 秋风：《法治二十讲》，天津人民出版社 2008 年版。

21. 饶戈平：《国际组织法》，北京大学出版社 1996 年版。

22. 饶戈平：《全球化进程中的国际组织》，北京大学出版社 2005 年版。

23. 邵鹏：《全球治理：理论与实践》，吉林出版集团有限责任公司 2010 年版。

24. 盛红生、贺兵主编：《当代国际关系中的"第三者"——非政府组织问题研究》，时事出版社 2004 年版。

25. 苏力：《法治及其本土资源》，中国政法大学出版社 1996 年版。

26. 孙宽平、滕世华：《全球化与全球治理》，湖南人民出版社 2003 年版。

27. 王铁崖：《国际法》，法律出版社 1995 年版。

28. 王秋玲：《国际法基本原理的新发展》，知识产权出版社 2008 年版。

29. 王杰、张海滨、张志洲：《全球治理中的国际非政府组织》，北京大学出版社 2004 年版。

30. 王绍光：《多元与统一：第三部门国际比较》，浙江人民出版社 1999 年版。

31. 王铁军：《全球治理机构与跨国公民社会》，上海世纪出版集团 2011 年版。

32. 夏新华：《法治：实践与超越——借鉴外域法律文化研究》，中国政法大学出版社 2004 年版。

33. 夏勇：《法治源流——东方与西方》，社会科学文献出版社 2004 年版。

34. 谢晖：《法治讲演录》，广西师范大学出版社 2005 年版。

35. 徐莹：《当代国际政治中的非政府组织》，当代世界出版社 2006 年版。

36. 杨道波：《公益性社会组织约束机制研究》，中国社会科学出版社 2011 年版。

37. 俞可平：《全球化：全球治理》，社会科学文献出版社 2003 年版。

38. 俞可平：《治理与善治》，社会科学文献出版社 2003 年版。

39. 曾令良、余敏友：《全球化时代的国际法——基础、结构与挑战》，武汉大学出版社 2005 年版。

40. 周鲠生：《国际法》，武汉大学出版社 2007 年版。

41. 周树春：《"和谐世界"理论基础探析：全球治理和目标建构的新范式》，中国社会科学出版社 2011 年版。

42. 卓泽渊：《法治国家论》，中国方正出版社 2001 年版。

43. ［德］乌尔里希·贝克：《风险社会》，何博闻译，译林出版社 2004 年版。

44. ［美］汉斯·摩根索：《国家间政治——权力斗争与和平》（第 7 版），肯尼斯·汤姆森、戴维·克林顿修订，徐昕等译，北京大学出版社 2006 年版。

45. ［美］何塞·E. 阿尔瓦雷斯：《作为造法者的国际组织》，蔡从燕等译，法律出版社 2011 年版。

46. ［美］莱斯特·M. 萨拉蒙：《全球公民社会——非营利部门视界》，贾西津等译，社会科学文献出版社 2002 年版。

47. ［美］丽莎·乔丹、［荷兰］彼得·范·图埃尔：《非政府组织问责：政治、原则与创新》，康晓光等译，中国人民大学出版社 2008 年版。

48. ［美］罗伯特·O. 基欧汉、约瑟夫·奈：《权利与相互依赖》，门洪华译，北京大学出版社 2002 年版。

49. ［美］迈克尔·巴尼特、［美］玛莎·芬尼莫尔:《为世界定规则:全球政治中的国际组织》,薄燕译,上海人民出版社 2009 年版。

50. ［美］约翰·H. 杰克逊:《国家主权与 WTO:变化中的国际法基础》,赵龙跃等译,社会科学文献出版社 2009 年版。

51. ［美］约瑟夫·S. 奈、约翰·D. 唐纳胡:《全球化世界的治理》,王勇等译,世界知识出版社 2003 年版。

52. ［美］詹姆斯·N. 罗西瑙:《没有政府的治理》,张胜军等译,江西人民出版社 2001 年版。

53. ［美］朱莉·费希尔:《NGO 与第三世界的政治发展》,邓国胜、赵秀梅译,社会科学文献出版社 1998 年版。

54. ［英］戴维·赫尔德、［英］安东尼·麦克格鲁:《治理全球化:权力、权威与全球治理》,曹荣湘、龙虎等译,社会科学文献出版社 2004 年版。

55. ［英］詹尼斯、瓦茨修订:《奥本海国际法》,王铁崖等译,中国大百科全书出版社 1995 年版。

56. ［法］让 - 马克·夸克:《迈向国际法治:联合国对人道主义危机的回应》,生活·读书·新知三联书店 2008 年版。

(二) 英文类

1. Anna - Karin Lindblom, *Non - Governmental Organisations in International Law*, Cambridge Press, 2005.

2. Conway W. Henderson, *Understanding International Law*, Wiley - Black Well, 2010.

3. David J. Bederman, *The Spirit of International Law*, University of Georgia Press, 2002.

4. Duncan French, Matthew Saul & Nigel D. White, *International Law and Dispute Settlement*, *New Problems and Techniques*, Hart Publishing, 2010.

5. Jim Whiteman, *The Fundamentals of Global Governance*, Palgrave Macmillan, 2009.

6. Joyner Christopher, *The United Nations and International Law*, Cambridge University Press, 1997.

7. Jonathan Gs. Koppell, *World Rule*, *Accountability*, *Legitimacy*, *and*

the Design of Global Governance, the University of Chicago Press, 2010.

8. Malcolm N. Shaw, *International Law*, Cambridge Press, 2008.

9. Michael Zurn, Andre Nollkaemper & Randy Peerenboom, *Rule of Law Dynamics*: *In an Era of International and Transnational Governance*, Cambridge University Press, 2012.

10. Paul F. Dlehl, & Charlotte Ku, *The Dynamics of International Law*, Cambridge University Press, 2010.

11. Roland Portmann, *Legal Personality in International Law*, Cambridge University Press, 2010.

12. Thomas Buergenthal & Sean D. Murphy, *Public International Law*, Law Press China, 2004.

二 论文类

(一) 中文类

1. 毕莹：《从国际法视角看国际非政府组织在华法律地位》，载《社团管理研究》2012 年第 6 期。

2. 蔡洁：《全球治理中的非政府组织》，载《理论界》2004 年第 3 期。

3. 蔡拓、吴雷钊：《国际非政府组织发展的制约因素及其分析》，载《理论与现代化》2009 年第 6 期。

4. 陈红、范培华：《国际法视野中的非政府组织若干理论问题刍议》，载《经济研究导刊》2010 年第 4 期。

5. 车丕照：《我们可以期待怎样的国际法治?》，载《吉林大学社会科学学报》2009 年第 4 期。

6. 檀木林：《全球治理中的非政府组织与国际法》，载《福建行政学院福建经济管理干部学院学报》2005 年第 3 期。

7. 戴春涛：《浅论国际法治》，载《长春理工大学学报》（社会科学版）2012 年第 7 期。

8. 鄂晓梅：《国际非政府组织对国际法的影响》，载《政法论坛》2001 年第 3 期。

9. 龚微、谭萍：《论国际非政府组织监管的法律问题》，载《经济与社会发展》2006 年第 11 期。

10. 何志鹏：《国际法治：良法善治还是强权政治》，载《当代法学》2008 年第 2 期。

11. 何志鹏：《超越国家间政治——主权人权关系的国际法治维度》，载《法律科学》2008 年第 6 期。

12. 何志鹏：《国际法治：和谐世界的必由之路》，载《清华法学》2009 年第 1 期。

13. 何志鹏：《国际法治视野内的习惯国际人道法》，载《东方法学》2009 年第 1 期。

14. 何志鹏：《国际法治视野中的人权与主权》，载《武大国际法评论》2009 年第 1 期。

15. 何志鹏：《国际法治：一个概念的界定》，载《政法论坛》2009 年第 4 期。

16. 何志鹏：《国家观念的重塑与国际法治的可能》，载《吉林大学社会科学学报》2009 年第 4 期。

17. 何志鹏：《国际法的遵行机制探究》，载《东方法学》2009 年第 5 期。

18. 何志鹏：《全球制度的完善与国际法治的可能》，载《吉林大学社会科学学报》2010 年第 5 期。

19. 何志鹏：《国际社会的法治路径》，载《法治研究》2010 年第 11 期。

20. 何志鹏：《国际法治的中国立场》，载《武大国际法评论》2011 年第 2 期。

21. 何志鹏：《人的回归：个人国际法上地位之审视》，载《法学评论》2006 年第 3 期。

22. 何志鹏：《全球化与国际法的人本主义转向》，载《吉林大学社会科学学报》2007 年第 1 期。

23. 何志鹏、孙璐：《可持续发展的国际法保障》，载《当代法学》2005 年第 1 期。

24. 何志鹏、孙璐：《国际法的辩证法》，载《江西社会科学》2011 年第 7 期。

25. 何志鹏、孙璐：《贸易公平与国际法治：WTO 多哈回合反思》，载《东方法学》2011 年第 2 期。

26. 何志鹏：《从"和平与发展"到"和谐发展"——国际法价值观的演进与中国立场调适》，载《吉林大学社会科学学报》2011 年第 4 期。

27. 何志鹏：《国际社会契约：法治世界的原点架构》，载《政法论坛》2012 年第 1 期。

28. 何志鹏：《国际法治何以必要——基于实践与理论的阐释》，载《当代法学》2014 年第 2 期。

29. 何志鹏、崔悦：《国际人权法治：成就、问题与改进》，载《法治研究》2012 年第 3 期。

30. 何志鹏、刘海江：《国际非政府组织在国际法中的尴尬地位：现状、原因及对策》，载《广西社会科学》2013 年第 5 期。

31. 何志鹏、刘海江：《国际非政府组织的国际法规制：现状、利弊及展望》，载《北方法学》2013 年第 4 期。

32. 黄德明、匡为为：《论非政府组织与联合国关系的现状及改革前景》，载《当代法学》2006 年第 3 期。

33. 黄文艺：《全球化时代的国际法治——以形式法治概念为基准的考察》，载《吉林大学社会科学学报》2009 年第 4 期。

34. 黄颖：《国际社会组织化趋势下的国际法治》，载《昆明理工大学学报》（社会科学版）2009 年第 7 期。

35. 黄世席：《非政府间国际组织的国际法主体资格探讨》，载《当代法学》2000 年第 5 期。

36. 黄志雄：《非政府组织：国际法律秩序中的第三种力量》，载《法学研究》2003 年第 4 期。

37. 刘超：《非政府组织的勃兴与国际法律秩序的变塑》，载《现代法学》2004 年第 4 期。

38. 刘传春：《全球化进程中的非政府间国际组织》，载《华中科技大学学报》（人文社会科学版）2002 年第 5 期。

39. 刘海江：《国际非政府组织国际法规制的可行性》，载《天津行政学院学报》2012 年第 5 期。

40. 刘海江：《在华国际非政府组织法律规制缺陷及应对》，载《西安电子科技大学学报》（社会科学版）2013 年第 2 期。

41. 刘芳雄：《国际法治与国际法院的强制管辖权》，载《求索》2006 年第 5 期。

42. 刘雪斌、蔡建芳：《国际人权法治初探》，载《吉林大学社会科学学报》2011 年第 2 期。

43. ［美］史蒂夫·夏诺维茨：《非政府组织与国际法》，黄志雄、居梦译，载《东方法学》2012 年第 1 期。

44. 那力、杨楠：《"国际法治"：一种手段而非一个目标》，载《东北师大学报》（哲学社会科学版）2012 年第 1 期。

45. 聂洪涛：《国际法治建构中的主体问题初探》，载《社会科学家》2008 年第 8 期。

46. 彭忠波：《非政府国际组织的法律人格探析》，载《武大国际法评论》2007 年第 1 期。

47. 饶戈平：《论全球化进程中的国际组织》，载《中国法学》2001 年第 6 期。

48. 邵沙平：《论国际法治与中国法治的良性互动——从国际刑法变革的角度透视》，载《法学家》2004 年第 6 期。

49. 孙海燕：《从国际法视角看非政府组织与国际联盟关系的演变》，载《法学杂志》2008 年第 3 期。

50. 孙海燕：《从国际法视角看联合国与非政府组织的制度化联系》，载《北京大学学报》（哲学社会科学版）2008 年第 4 期。

51. 孙海燕：《国际非政府组织国际法律地位的国际造法尝试评析》，载《贵州大学学报》（社会科学版）2008 年第 4 期。

52. 孙新昱：《论国际非政府组织国际法律人格的承认》，载《山西师范大学学报》（社会科学版）2009 年第 6 期。

53. 王晨宇、何志鹏：《国际守法文化及近期发展：国际关系司法化》，载《当代法学》2010 年第 6 期。

54. 王世红：《非政府组织的法律地位考察》，载《河南师范大学学报》（哲学社会科学版）2007 年第 2 期。

55. 王秀梅：《国际非政府组织与国际法之"跨国立法"》，载《河南省政法管理干部学院学报》2006 年第 4 期。

56. 王彦志：《非政府组织与国际法的合法性》，载《东方法学》2011 年第 6 期。

57. 邢爱芬：《实现和谐世界的国际法治途径》，载《北京师范大学学报》（社会科学版）2007 年第 1 期。

58. 向凌：《非政府组织介入 WTO 争端解决机制的实证分析及其利弊考量》，载《时代法学》2010 年第 4 期。

59. 徐崇利：《经济全球化与国际法中"社会立法"的勃兴》，载《中国法学》2004 年第 1 期。

60. 谢晓庆：《国际非政府组织在华三十年：历史、现状与应对》，载《东方法学》2011 年第 6 期。

61. 徐莹：《国际非政府组织参与全球治理的合作路径及其对中国的启示：以澳大利亚非政府组织在印度洋海啸中的救援行动为案例》，载《宁夏党校学报》2008 年第 4 期。

62. 徐莹：《残缺的独立性：国际非政府组织首要机构性困难解析》，载《世界经济与政治论坛》2008 年第 3 期。

63. 徐莹：《国际非政府组织——主权国家不可忽视的力量》，载《宁夏党校学报》2004 年第 3 期。

64. 徐莹、李宝俊：《国际非政府组织的治理外交及其对中国的启示》，载《国际关系学院学报》2004 年第 3 期。

65. 徐崇利：《经济全球化与国际法中"社会立法"的勃兴》，载《中国法学》2004 年第 1 期。

66. 徐崇利：《经济全球化与跨国经济立法模式》，载《法学论坛》2006 年第 2 期。

67. 许丽丽：《树立非政府组织国际法主体地位》，载《法制与社会》2007 年第 12 期。

68. 姚修杰：《论国际法治的可裁判原则》，载《武汉大学学报》（哲学社会科学版）2012 年第 2 期。

69. 易显河：《完美法治》，载《西安交通大学学报》（社会科学版）2008 年第 5 期。

70. 易显河：《向共进国际法迈步》，载《西安政治学院学报》2007 年第 1 期。

71. 曾令良：《现代国际法的人本化发展趋势》，载《中国社会科学》2007 年第 1 期。

72. 赵海峰、李晶珠：《非政府组织与国际刑事法院》，载《当代法学》2007 年第 5 期。

（二）英文类

1. Ahmed, Shamima, "The Impact of NGOs on International Organizations: Complexities and Considerations", 36 *Brook. J. Int'l L.*, (2010 – 2011) 817, pp. 817 – 840.

2. Alkoby, Asher, "Non – State Actors and the legitimacy of international environmental law", 3 *Non – St. Actors & Int'l L.*, (2003) 23, pp. 23 – 98.

3. Anderson, Kenneth, "'Accountability' as 'Legitimacy': Global Governance, Global Civil Society and the United Nations", 36 *Brook. J. Int'l L.*, (2010 – 2011) 841, pp. 841 – 890 .

4. Annan, Kofi A, "Democracy as an International Issue", 8 *Global Governance*, (2002) 135, pp. 135 – 142.

5. Andrews, David R. , "International Rule of Law Symposium: Introductory Essay", 25 *Berkeley J. Int'l Law*, (2007) 1, pp. 1 – 6.

6. Andrea, Birdsall, "The Monster That We Need to Slay? Global Governance, the United States, and the International Criminal Court", 16 *Global Governance*, (2010) 451, pp. 451 – 469.

7. Angela, M. Banks, "The Growing Impact of Non – State Actors on the International and European Legal System", 5 *Int'l L. F. D. Int'l.*, (2003) 293, pp. 293 – 299.

8 . Avny, Amos, "The Nature of Globalization", 14 *Lex ET Scientia Int'l J.*, (2007) 149, pp. 149 – 156.

9. Bailey, Tomas, "Judicial Discretion in Locus Standi: Inconsistency Ahead?", 4 *Galway Student L. Rev.*, (2010) 1, pp. 1 – 10.

10. Bartholomeusz, Lance, "The Amicus Curiae before International Courts and Tribunals", 5 *Non – St. Actors & Int'l L.*, (2005) 209, pp. 209 – 286.

11. Beehner, Lionel, "Can Nations 'Pursue' Non – State actors Across Borders?", 6 *Yale J. Int'l Aff.*, (2011) 110, pp. 110 – 112.

12. Bexell, Magdalena, Tallberg, Johas. and Uhlin, Anders, "Democracy in Global Governance: The Promises and Pitfalls of Transnational Actors",

16 *Global Governance*, (2010) 81, pp. 81 – 101.

13. Bluemel, Erik B, "Overcoming NGO Accountability Concerns in International Governance", 31 *Brook. J. Int'l L.*, (2005 – 2006) 139, pp. 139 – 206.

14. Bowal, Peter, "Speaking up for Others: Locus Standi and Representative Bodies", 35 *C. de D.*, (1994) 905, pp. 905 – 940.

15. Botchway, Francis N., "Good Governance: the Old, the New, the Principle, and the Elements", 13 *Fla. J. Int'l L.*, (2000 – 2001) 159, pp. 159 – 210.

16. Burlesont, Elizabeth, "Non – State Actors and the Emerging Climate Change Law Regime", 104 *Am. Soc'y Int'l L. Proc.*, (2010) 325, pp. 325 – 328.

17. Cakmak, Cenap, "Civil Society Actors in International Law and World Politics: Definition, Conceptual Framework, Problems", 6 *Int'l J. Civ. Soc'y L.*, (2008) 7, pp. 7 – 35.

18. Chandra, Mohan S., "The Amicus Curiae: Friends No More?", 6 *Sing. J. Legal Stud.*, (2010) 352, pp. 352 – 374.

19. Charnovitz, Steve, "Two Centuries of Participation: NGOs and International Governance", 18 *Mich. J. Int'l L.*, (1996 – 1997) 183, pp. 183 – 286.

20. Charnovitz, Steve, "Nongovernmental Organizations and International Law", 100 *The American Journal of International Law*, (2006) 348, pp. 348 – 372.

21. Charnovitz, Steve, "The Illegitimacy of Preventing NGO Participation", 36 *Brook. J. Int'l L.*, (2010 – 2011) 891, pp. 891 – 910.

22. Chesterman, Simon, "An International Rule of Law?", 56 *Am. J. Comp. L.*, (2008) 331, pp. 331 – 362.

23. Cogan, Jacob Katz, "Noncompliance and the International Rule of Law", 31 *Yale J. Int'l L.*, (2006) 189, pp. 189 – 210.

24. Coleman, William D. and Wayland, Sarah, "The Origins of Global Civil Society and Nonterritorial Governance: Some Empirical Reflections", 12 *Global Governance* (2006) 241, pp. 241 – 261.

25. Corell, Hans, "The Visible College of International Law: 'Towards the Rule of Law in International Relations'", 95 *Am. Soc'y Int'l L. Proc.*, (2001) 362, pp. 362 – 270.

26. Crawford, James, "International Law and The Rule of Law", 24 *Adel. L. Rev.*, (2003) 3, pp. 3 – 12.

27. Christenson, Gordon A., "World Civil Society and the International Rule of Law", 19 *Hum. Rts. Q* (1997) 724, pp. 724 – 737.

28. Cullen, Holly and Morrow, Karen, "International Civil Society in International Law: The Growth of NGO Participation", 1 *Non – State Actors and International Law* (2001) 7, pp. 7 – 39.

29. De Barbandere, Eric, "NGOs and the 'Public Interest': The Legality and Rationale of Amicus Curiae Interventions in International Economic and Investment Disputes", 12 *Chi. J. Int'l L.*, (2011) 85, pp. 85 – 113.

30. Dombrowski, Kathrin, "Filling the Gap? An Analysis of Non – Governmental Organizations Responses to Participation and Representation Deficits in Global Climate Governance", 10 *Int Environ Agreements* (2010) 397, pp. 397 – 416.

31. Downey, Arthur T., "Deviations from the International Rule of Law: An Historical Footnote", 56 *Vill. L. Rev.*, (2011 – 2012) 445, pp. 455 – 474.

32. Eugenia, Levine, "Amicus Curiae in International Investment Arbitration: The Implications of an Increase in Third – Party Participation", 29 *Berkeley J. Int'l L.*, (2011) 200, pp. 200 – 224.

33. F. Green, Jessica, "Delegation and Accountability in the Clean Development Mechanism: The New Authority of Non – State Actors", 4 *J. Int'l L & Int'l Rel.*, (2008) 21, pp. 21 – 55.

34. Ferguson, Yale H., "NGOs' Role in Constructing Global Governance", 18 *Global Governance* (2012) 383, pp. 383 – 386.

35. Forman, Shepard and Segaar, Derk, "New Coalitions for Global Governance: The Changing Dynamics of Multilateralism", 12 *Global Governance* (2006) 205, pp. 205 – 225.

36. Gamble, John King, "Good Governance, Non – State Actors and In-

ternational Law: A Cautionary Note", 32 *S. Afr. Y. B. Int'l L.*, (2007) 53, pp. 53 –65.

37. Goldberg, A. Robert, "The Challenge of Change: Social movements as Non – State Actors", 8 *Utah L. Rev.*, (2010) 65, pp. 65 –79.

38. Goodwin – Gill, Guy, "Elections, Democracy, the Rule of Law and International Law", 13 *Austl. Int'l L. J.*, (2006) 11, pp. 11 –18.

39. Gould, Carol C., "On the Uneasy Relation between International Law and Democracy", 12 *ILSA J. Int'l.*, (2005 –2006) 559, pp. 559 –564.

40. Green, Fergus, "Fragmentation in Two Dimensions: The ICJ's Flawed Approach to Non – State Actors and Internatioanal Legal Personality", 9 *Melb. J. Int'l L.*, (2008) 47, pp. 47 –77.

41. Greenberg, Marcia E., "NGO Participation in International Law and its Processes: An Eastern European Case Study", 95 *Am. Soc'y Int'l. Proc* (2001) 300, pp. 300 –305.

42. Gugerty, Mara Kay, "Patterns and Structures of NGO Self – Regulation in Africa", 7 *Int'l J. Civ. Soc'y* (2009) 7, pp. 7 –21.

43. Hale, Thomas N., "Transparency, Accountability, and Global Governance", 14 *Global Governance* (2008) 73, pp. 73 –94.

44. Jacobs, Dennis, "What is an International Rule of Law?", 30 *Harv. J. L. &Pub. Pol'y*(2006 –2007)3, pp. 3 –6.

45. Jordan, J. Pausr., "Sanctions Against Non – State Actors for Violations of International Law", 8 *ILSA J. Int'l & Comp. L.*, (2001 –2002) 417, pp. 417 –429.

46. Joyeeta, Gupta, "Non – State Actors in International Governance and Law: A Challenge or A Blessing", 11 *ILSA J. Int'l & Comp. L.*, (2004 – 2005) 497, pp. 497 –517.

47. Karpen, Ulrich, "Good Governance Through Transparent Application of Rule of Law", 11 *Eur. J. L. Reform* (2009) 213, pp. 213 –223.

48. John, King Gamble & Lauren, Piera, "Good Governance, Non – state Actors and International Law: A Cautionary Note", 32 *S. Afr. Y. B. Int'l L.*, (2007) 53, pp. 53 –65.

49. Knahr, Christina, "The Role of Non – state Actors in International In-

vestment Arbitration", 32 *S. Afr. Y. B. Int'l L.*, (2007) 455, pp. 455 – 470.

50. K. Young Michael, "Non – State Actors in the Global Order", 8 *Utah L. Rev.* (2010) 81, pp. 81 – 90.

51. K. Woodward Barbara, "Report on Meeting of the ILA Committee on Non – State Actors", 7 *Proceedings of the American Branch of the Law Association* (2009 – 2010) 564, pp. 564 – 568.

52. Kaur, L. Susan, "The Third Sector: The Law in China and Non – Profit Organizations", 4 *Int'l J. Civ. Soc'y l* (2006) 47, pp. 47 – 61.

53. Kohona, Palitha T. B., "The International Rule of Law and the Role of the United Nations", 36 *Int'l L.*, (2002) 1131, pp. 1131 – 1144.

54. Legere, Edite, "Locus Standi and the Public Interest: A Hotchpotch of Legal Principles", 10 *Jud. Rev.*, (2005) 128, pp. 128 – 134.

55. Math, Noortman, "Internatioana Law Association the Hague Cconference", 74 *Int'l L. Ass'n Rep. Conf.*, (2010) 630, pp. 630 – 675.

56. Math, Noortmann, "Globalisation, Global Governance and Non – State Actors: Researching beyond the State", 4 *Int'l L. F. D. Int'l* (2002) 36, pp. 36 – 40.

57. Nadya Sadat, Leila, "Take the Rule of (International) Law Seriously", 4 *Wash. U. Global Stud. L. Rev.*, (2005) 329, pp. 329 – 344.

58. Natalie, Klein, "Non – state Actors in Inter – state Litigation: Beneficiaries or Blameworthy?", 32 *S. Afr. Y. B. Int'l L.*, (2007) 141, pp. 141 – 157.

59. Olivier, Michele E., "International and Regional Requirements for Good Governance and the Rule of Law", 32 *S. Afr. Y. B. Int'l L.*, (2007) 39, pp. 39 – 52.

60. Pearson, Zoe, "Non – Governmental Organisations and International Law: Mapping New Mechanisms for Governance", 23 *Aust. YBIL* (2004) 73, pp. 73 – 103.

61. Pearson, Zoe, "Non – Governmental Organizations and the International Criminal Court: Changing Landscapes of International Law", 39 *Cornell Int'l L. J.*, (2006) 243, pp. 243 – 284.

62. Petersmann, Ernst – Ulrich, "How to Promote the International Rule

of Law?", 1 *J. Int'l Econ. L.*, (1998) 25, pp. 25 – 48.

63. Quast, Shelby R., "Rule of Law in Post – Conflict Societies: What is the Role of the International Community", 39 *New Eng. L. Rev.*, (2004 – 2005) 45, pp. 45 – 52.

64. Reiser, Dana Brakman and Kelly, Claire R., "Linking NGO Accountability and the Legitimacy of Global Governance", 36 *Brook. J. Int'l L.*, (2010 – 2011) 1011, pp. 1011 – 1073.

65. Sanchez, Michelle Ratton, "Brief Observations on the Mechanisms for NGO Participation in the WTO", 4 *SUR – Int'l J. on Hum RTs.*, (2006) 103, pp. 103 – 125.

66. Schweith, Martha L., "NGO Participation in International Governance: The Question of Legitimacy", 89 *Am. Soc'y Int'l L. Proc.*, (1995) 415, pp. 415 – 420.

67. Seema, Sapra, "The WTO System of Trade Governance: The Stale NGO Debate and the Appropriate Role for Non – state Actors", 11 *Or. Rev. Int'l L.*, (2009), pp. 71 – 107.

68. Scholte, Jan Aart, "Civil Society and Democracy in Global Governance", 8 *Global Governance* (2002) 281, pp. 281 – 304.

69. Soons, Alfred, "Non – State Actors Committee Informal Working Session", 73 *Int'l L. Ass'n Rep. Conf.*, (2008) 243, pp. 243 – 249.

70. Shelton, Dinah, "The Participation of Nongovernmental Organizations in International Judicial Proceedings", 88 *Am. J. Int'l L.*, (1994) 611, pp. 611 – 642.

71. Stephan, Paul B., "Rethinking the International Rule of Law: The Homogeneity Fallacy and International Law's Threat to Itself", 4 *Jrslm. Rev. Legal Stud.*, (2012) 19, pp. 19 – 28.

72. Szporluk, Michael, "A Framework for Understanding Accountability of International NGOs and Global Good Governance", 16 *Ind. J. Global Legal Stud.*, (2009) 339, pp. 339 – 361.

73. Thomas, M. McDonnell Moderator, "Human Rights and Non – State Actors", 11 *Pace Int'l L. Rev.*, (1999) 205, pp. 205 – 257.

74. Washington, Ellis, "The Nuremberg Trials: The Death of the Rule of

Law (in International Law)", 49 *Loy. L. Rev.*, (2003) 471, pp. 471 –518.

75. Waldron, Jeremy, "The Rule of International Law", 30 *Harv. J. L. & Pub. Poly* (2006 –2007) 15, pp. 15 –30.

76. White Jr., Walter H., "Protecting and Advancing the International Rule of Law", 34 *Hum. Rts.*, (2007) 8, pp. 8 –14.

77. Wood, Ngaire, "Good Governance in International Organizations", 5 *Global Governance* (1999) 39, pp. 39 –61.

78. Woodward, B. K., "Global Civil Society and International Law in Global Governance: Some Contemporary Issues", 8 *Int'l Comm. L. Rev.*, (2006) 247, pp. 247 –355.

79. Y, J. Park, "The National Cctld Disputes: Between State Actors and Non –State Actors", 13 *Int'l J. Comm. L. & Pol'y* (2009), pp. 185 –206.

三　学位论文类

1. 蔡丽新:《中国非政府组织的发展与政治文明建设》,苏州大学 2006 年博士学位论文。

2. 程增民:《非政府组织的作用与地位——以服务型政府的构建为背景》,中国政法大学 2007 年硕士学位论文。

3. 段鹏军:《国际法视野下的非政府组织》,山东大学 2010 年硕士学位论文。

4. 候成智:《国际环境非政府组织与国际环境法的发展:参与·创新·推动》,山东科技大学 2010 年硕士学位论文。

5. 甘锋:《全球治理视野中国际环境非政府组织的作用研究》,上海交通大学 2007 年博士学位论文。

6. 官明莹:《论非政府间国际组织在国际法中的地位》,西南政法大学 2008 年硕士学位论文。

7. 唐全民:《论 NGOs 对国际法律秩序的影响》,湖南师范大学 2006 年硕士学位论文。

8. 霍淑红:《国际非政府组织(INGOs)的角色分析——全球化时代 INGOs 在国际机制发展中的作用》,华东政法大学 2006 年博士学位论文。

9. 李海博：《国际非政府组织国际法律地位探析》，华东政法大学 2010 年硕士学位论文。

10. 李俊义：《非政府间国际组织的国际法律地位研究》，华东政法大学 2010 年博士学位论文。

11. 刘衡：《国际法之治：从国际法治到全球治理》，武汉大学 2011 年博士学位论文。

12. 刘虹利：《全球环境治理中国际环境非政府组织的作用分析》，中国政法大学 2011 年硕士学位论文。

13. 陆晶：《我国非政府组织管理法治化问题研究》，吉林大学 2011 年博士学位论文。

14. 秦倩：《国际法与宗教非政府组织》，复旦大学 2007 年博士学位论文。

15. 庞正：《法治视阈下的非政府组织功能研究》，吉林大学 2006 年博士学位论文。

16. 沈中元：《全球化下非政府组织之研究》，复旦大学 2003 年博士学位论文。

17. 王燕：《WTO 下非政府组织参与权研究》，中国人民大学 2008 年博士学位论文。

18. 岳同珍：《当代国际法治研究》，山东大学 2011 年硕士学位论文。

19. 张春玉：《国际非政府组织在全球治理中的角色分析》，兰州大学 2010 年硕士学位论文。

20. 张萌：《在华外国非政府组织对我国国家安全的影响及对策》，西北大学 2010 年硕士学位论文。

四　法律文献类

1. 1919 年《国际联盟盟约》。

2. 1945 年《联合国宪章》。

3. 1945 年《国际法院规约》。

4. 1965 年《消除一切形式种族歧视国际公约》。

5. 1966 年《经济、社会、文化权利国际公约》。

6. 1966 年《公民权利和政治权利国际公约》。

7. 1973 年《禁止并惩治种族隔离罪行国际公约》。

8. 1975 年《濒危野生动植物种国际贸易公约》。

9. 1979 年《禁止酷刑和其他残忍、不人道或有辱人格的待遇或处罚公约》。

10. 1989 年《儿童权利公约》。

11. 1998 年《国际刑事法院罗马规约》。

12. 1999 年《渥太华禁雷公约》。

13. 2010 年《集束弹药公约》。

五　网络文献类

1.《盐湖城丑闻：国际奥委会陷入空前危机中》，搜狐网：http：// 2008. sohu. com/20080730/n258482478. shtml。

2.《分析：非政治组织在独联体国家颜色革命中的角色》，新浪网：http：//news. sina. com. cn/w/2005—06—22/18237018269. shtml。

3. Richard Kerbaj, "Amnesty International is 'Damaged' by Taliban Link", *The Sunday Times*, http：//www. thesundaytimes. co. uk/sto/news/ world_ news/article197042. ece.

4.《发达国家如何打造慈善公信力》，搜狐网：http：//roll. sohu. com/20110707/n312721070. shtml。

5.《中华慈善总会曝付钱捐赠丑闻》，《参考消息》官方网站：ht-tp：//china. cankaoxiaoxi. com/2011/0819/1142. shtml。

6.《郭美美事件持续发酵——红十字会陷信任危机》，凤凰网：ht-tp：//news. ifeng. com/society/special/guomeimei/。

7. Jem Bendell, *Debating NGO Accountability*, UN Non - Governmental Liaison (NGLS), 2006, http：//www. un - ngls. org/orf/pdf/NGO _ Ac-countability. pdf.

8. Jeffrey Unerman, Brendan O'Dwyer, *On James Bond and the impor-tance of NGO Accountability*, http：//www. emeraldinsight. com/0951— 3574. htm.

9.《关于承认国际非政府组织的法律人格的欧洲公约》，http：//
www. conventions. coe. int/Treaty/en/Treaties/Html/124. htm。

10. L. David Brown and Mark Moore, *Accountability*, *Strategy*, *and Inter-national Non – Governmental Organizations*, The Hauser Institute for Civil Soci-ety, http：//www. hks. harvard. edu/var/ezp _ site/storage/fckeditor/file/pdfs/centers – programs/centers/hauser/publications/working _ papers/work-ingpaper_ 7. pdf.

11. Robert O. Keohane & Joseph S. Ny, *Democracy*, *Accountability and Global Governance*, Harvard Univ. Politics Research Group, working paper No. 1 – 4, 2001, http：//www. ksg. harvard. edu/prg/nye/ggajune. pdf.

12. Amnesty International, NGOs Lead By Example：World's International NGOs Endorse Accountability Charter, June 6, 2006, http：//www. amnesty. org/en/library.

13. 世界共同信托组织的全球问责项目 GAP 参见 www. ngowatch. org。

后　记

　　本书在撰写和修改过程中，得到了许多师友的指导和帮助，在此谨表示真挚的感谢！

　　本书是在我的博士论文基础上修改而成的。当在键盘上为本书敲下"后记"二字的时候，心里面却没有预想中的那样欣喜。相反却莫名生出了些许失落。博士毕业论文的完成意味着自己作为在校学生的身份已经终结。回望自己的求学历程心中不免感慨万千。自从六岁入张青营完小正式进入学校接受教育起到今天吉林大学博士毕业已接近三十年，时间真可谓是弹指一挥间，从懵懵懂懂的孩童已经逐渐接近不惑之年。现在静下心来思量，自己都不相信也能从这样的名校博士毕业。做一名博士，是自己从小想都没有想过的事情。从小学到高中毕业，我真的是不思进取、目光短浅、混天度日，从来没有过真正的学习目标，就连自己在 2007 年 3 月从上海对外经贸大学拿到硕士学位进入聊城大学做了一名大学老师时，也没有想过自己能够成为一名博士研究生。现在真是为自己年轻时的幼稚与不思进取感到可笑。原来我一直是井底之蛙。但是现在值得庆幸的是或许是知耻而后勇的缘故，这只蛙已经跳出了井底，站在井口边开始打量在井底永远没有见过的天空了。

　　在对自己在学业的过程中蹉跎掉的时间感到懊悔的同时，我也有那么一点点庆幸。自己在求学的过程中得到了那么多人的帮助与鼓励，我觉得有必要在此逐一表示感谢，没有你们，也就没有我的今天。

　　首先要感谢我的恩师何志鹏教授。在与恩师谋面之前，我首先是怀着惴惴不安的心情给恩师发了邮件表达了自己想跟随其读博的愿望，没想到恩师在回复我的邮件中充满了满满的正能量，不惜花费大量的时间来往邮件不厌其烦地了解我的学习经历、学习爱好、知识储备等情况！初见恩师是在其书房内，给我震撼力的不仅仅是恩师的年轻和温文尔雅，还有满屋的书架，真可谓是"其为书，处则充栋宇，出则汗牛马"。恩师治学严谨，时常令我自愧弗如，批阅"写论文要有大局观，并注意细节"的话语使我终生难忘；恩师平易近人，从不傲然自居，幽默的话语亦师亦友，恩师通过网络与学生交流时发来的QQ表情，使学生感到特别的温暖；在我彷徨于学术时，恩师总是悉心关怀、耐心点拨，不断支持和勉励我，"积累知识，厚德载物"的话语使我受益终生。恩师不但一步一步引领我走进学术大门，而且指导我顺利完成博士论文。没有恩师的教导与提携，就不会有这本书面世。毫无耸言，恩师是我人生之路的楷模。在此向恩师何志鹏教授致以我最深切的敬意与谢意。

作为吉林大学法学院的一名学生，在此我要衷心感谢给我教导和关心的各位专业老师：吕岩峰教授、韦经建教授、那力教授、刘亚军教授、周晓红副教授、王彦志副教授及田洪鋆副教授。我还要感谢给予我诸多帮助的法学院研究生办公室的孟庆红老师。

作为聊城大学法学院的一名教师，在此我要衷心感谢给我帮助和关心的各位领导和同事：张华筠书记、张兴堂院长、杨道波教授、孔繁军教授、张进军副教授等，他们在我求学过程中给予了我不断的鼓励与支持，是我顺利完成学业最直接的保证。特别要感谢杨道波教授，他是我进入聊城大学以来进行学术研究的引路人，对非政府组织进行研究完全是杨道波教授引领的结果，就连本书出版的资金，也是从杨道波教授主持的聊城大学"十二五"重点学科建设项目《慈善法研究》处获取。愿杨道波教授继续以敏锐的学术眼光带领聊城大学慈善法研究中心在对慈善法、慈善组织、非政府组织及社会组织进行研究的道路上越走越远。

在我的博士研究生学习及博士论文写作期间，同窗好友叶莉娜、荆珍、魏德才及陈朝晖师兄给我最后的学校时光增添了很多难忘的记忆，特别是与娜姐和朝晖师兄在晚饭后踩着积雪散步的感觉将使我终生难忘！田慧敏师姐虽然已经在大连海事大学做了老师，仍然抽出宝贵的时间给我的毕业论文做校对、崔悦师妹更是令我感动不已，其真是继承了我们导师的衣钵，给我的毕业论文做的校对工作真是具备专业编辑水平！没有你们的支持与帮助，也就没有我的毕业论文顺利完成。

我的家人一直是我求学过程中的坚强后盾。感谢我的父母，在学业方面始终给予我充分的信任和自由，从不干涉和质疑我的选择，日子过得虽然很清苦，但却给予了我无尽的支持和包容。父母的养育之恩是我穷竭一生也不可能回报的，我也只能以努力和些许的孝心使您感到少许的欣慰了！感谢我的岳父母，在我夫妻两个的求学过程中，对我们小家照顾很多，特别是岳母对小女刘姝沅的照顾使我们少了很多后顾之忧。感谢两位兄长，除了对我的鼓励之外，两位哥哥在工作中的努力精神也是我学习的榜样。感谢妻子赵立霞博士，没有你的支持也没有我学业的顺利完成，你的坚持和努力肯定会有回报的！

最后，我要用此本书纪念我的爷爷刘跃民先生。爷爷离休前是我们乡联校校长，一生推崇教育，对我的学习影响很大。他希望他的孙辈们都能考上大学、并能读硕士和博士。爷爷很多年前就用微薄的退休金设置了奖学金制度，孙子孙女中考上本科奖励 1000 元、硕士 2000 元、博士 10000元。我是唯一把这三种奖学金都拿全的一位，2011 年在我已经工作拿工资的情况下，爷爷看到我的博士录取通知书，高兴地奖励了我 10000 元钱。我知道我唯有好好工作和学习才能对得起爷爷的期望。我曾幻想着把我的博士论文高兴地拿给爷爷看，可是天不遂愿，爷爷在二〇一四年农历正月十一突发脑溢血离开了我们，享年八十九岁！爷爷，我想您了！请您放心，我会继续努力的！

虽然，我作为学生身份的在校学习生涯结束了，但是我的学习道路还很远，我愿以朴素的态度和踏实的努力继续为学术研究奋斗终生！

刘海江

2015 年 5 月 10 日于聊大花园东苑